Chinese History for Teenagers
少年中国史

宏图霸业里的中原之争

春秋

佟洵　赵云田·主编

②

北京理工大学出版社
BEIJING INSTITUTE OF TECHNOLOGY PRESS

版权专有 侵权必究

图书在版编目（CIP）数据

宏图霸业里的中原之争：春秋 / 佟洵，赵云田主编. —北京：北京理工大学出版社，2020.6（2021.2重印）

ISBN 978 – 7 – 5682 – 8294 – 9

Ⅰ.①宏… Ⅱ.①佟… ②赵… Ⅲ.①中国历史 – 春秋时代 – 少年读物 Ⅳ.①K225.09

中国版本图书馆 CIP 数据核字（2020）第 049866 号

宏图霸业里的中原之争

春秋

出版发行 / 北京理工大学出版社有限责任公司

社　　址 / 北京市海淀区中关村南大街5号

邮　　编 / 100081

电　　话 /（010）68914775（总编室）

　　　　　（010）82562903（教材售后服务热线）

　　　　　（010）68948351（其他图书服务热线）

网　　址 / http://www.bitpress.com.cn

经　　销 / 全国各地新华书店

印　　刷 / 河北盛世彩捷印刷有限公司

开　　本 / 710 毫米 × 1000 毫米　1/16

印　　张 / 11.5　　　　　　　　　　　责任编辑 / 顾学云

字　　数 / 194 千字　　　　　　　　　文案编辑 / 朱　喜

版　　次 / 2020 年 6 月第 1 版　2021 年 2 月第 6 次印刷　责任校对 / 周瑞红

定　　价 / 31.00 元　　　　　　　　　责任印制 / 边心超

图书出现印装质量问题，请拨打售后服务热线，本社负责调换

前言

人民教育出版社编审　马执斌

　　从前770年至前476年是我国历史上的春秋时期。政治上周室衰微，诸侯争霸；经济上井田制瓦解，土地私有已成事实；文化上承前启后，是春秋时期的特点。

　　周幽王时，旱灾与地震同时降临，农业受到严重危害，给人民带来饥馑。与此同时，西北游牧民族不断进犯中原。就在这时，王室内部发生王位继承的斗争。幽王宠爱褒姒，废申后及太子宜臼，立褒姒为后，以褒姒所生的伯服为太子。公元前771年，宜臼的外祖父申侯联合鄫国和犬戎攻陷镐京，杀幽王，掳褒姒而去，西周灭亡。诸侯立宜臼为平王，公元前770年平王东迁洛邑，史称东周。东周领土仅局限于洛阳周围几百里的范围。中原各诸侯国不再定期向天子述职并纳贡。周天子因贫弱而不得不放弃天子的尊严，伸手向诸侯要金钱，要物品。他已丧失天下共主的地位，再也不能对诸侯发号施令了，仅存一个虚名，还能用"王命"作号召。那些强大的诸侯国，为要挟天子以号令诸侯而争当霸主，所以春秋时期在政治上出现大国争霸的局面。

　　齐是中原的泱泱大国。公元前685年，齐桓公上台。他任用管仲为相，通过政治、经济、军事上的改革，国力迅速增强。当时，周天子丧失权威，礼乐、征伐不再由他做主。各诸侯国为转嫁国内危机，互相侵伐。周边少数民族也纷纷进逼中原，华夏文明面临空前危机。针对这种形势，管仲提出"尊王攘夷"的口号。"尊王"就是借周天子的名义来号令诸侯。"攘夷"就是排斥四夷的侵扰，保护华夏文明。当狄人伐邢破卫的时候，齐出兵救邢存卫。齐不断击退戎狄的进犯，使华夏一些小国免受戎狄的蹂躏，从而提高了齐在中原地区的威信。

　　南方的楚国，从武王到文王，不断向北扩张，先后灭掉邓、申、息等国。楚成王时，势力逼近中原。那时候，齐国强盛，所以一向依附于楚的江、黄等小国转向于齐。楚自然不会甘休，于是北上攻郑，向齐施加压力。前656

年，齐桓公率鲁、宋、陈、卫、郑、许、曹之师，讨伐亲楚的蔡国。蔡溃败，齐又伐楚。楚庄王遣使问齐桓公：楚跟齐"风马牛不相及"，为何伐楚？管仲代齐桓公回答：楚不向周王进贡"苞茅"（祭祀时灌酒用的一种茅草），影响王祭，是失礼。周昭王南征溺死汉水，楚有罪。楚一方面屯兵方城，一方面派屈完向齐求和。齐桓公明白，开战并不能轻易取胜，炫耀武力之后，跟楚国在召陵订立盟约。齐率领中原八国联兵伐楚，虽然未能压服楚国，但楚国向北扩张的势头却受遏制。

前651年，齐桓公在葵丘大会诸侯，周天子也派人参加。会上决定：凡同盟之国，互不侵伐，共御外侮。齐桓公遂成为中原霸主。

齐桓公死后，晋文公、楚庄王、吴王夫差、越王勾践，相继称霸。争霸斗争贯穿春秋始终。

春秋时期，农业上沿袭西周的井田制。随着铁器和牛耕的出现，垦荒能力大大提高了。农奴们在井田之外开垦荒地作为私田。私田收获全归自己。私田猛烈地冲击着井田制。因为井田制下的农奴在种私田之外，还须共耕公田，向领主提供力役地租。农奴耕种私田积极性高，在公田上劳作就消极怠工，使公田日益荒芜。公元前594年，鲁国实行"初税亩"，即按所种土地亩数征税，取代传统的力役地租。这标志着井田制瓦解，土地私有制得到承认。

春秋时期的思想文化具有承前启后的意义。道家学派的创始人老子总结并发挥了中国春秋以前的学术思想，撰写出《道德经》上下两篇。上篇言宇宙根本，蕴涵天地变化、阴阳变幻之机妙，称《道经》；下篇言处世方略，蕴涵进退之术、长生之道，称《德经》。儒家学派的创始人孔子，面对礼崩乐坏的社会现实，认为搞好政治，必须要解决人与人的关系，于是，他提出"仁"的学说，主张"仁者，爱人"。他强调统治者要爱惜民力，为政以德，反对苛政和任意刑杀。他希望恢复西周的礼乐制度，认为使每个人的行为符合礼的要求，就可以实现"仁"的理想。儒道两家的思想对后世影响极其深远。

目录

少年中国史

春秋

平王东迁 / 10

楚国称王 / 12

晋国分裂 / 16

共叔段之乱 / 18

周郑交恶 / 22

东门之战 / 24

繻葛之战 / 26

管仲拜相 / 28

曹刿论战 / 32

齐桓公称霸 / 36

痴鹤亡国的卫懿公 / 42

存邢救卫 / 44

齐桓公伐楚盟屈完 / 46

假道伐虢 / 50

泓水之战 / 52

流亡公子重耳 / 56

城濮之战 / 62

烛之武智退秦师 / 64

"五羖大夫"百里傒 / 66

崤山大战 / 70

秦霸西戎 / 72

问鼎中原 / 74

若敖氏之乱 / 76

邲之战 / 78

鞌之战 / 82

华元弭兵 / 86

鄢陵之战 / 88

晋悼公新政 / 92

三桓分公室 / 98

弭兵会盟／102

崔庆之乱／106

晏婴相齐／108

伍子胥奔吴／112

王子朝之乱／116

鸡父之战／118

鱼腹内的杀机／122

柏举之战／126

老子与《道德经》／132

圣人出，黄河清／138

孔子堕三都／140

越王卧薪尝胆／144

孔子周游列国／146

● 孔子圣迹图／150

田恒弑君／154

要离刺庆忌／156

孙武与《孙子兵法》／158

越国灭吴／164

徐州会盟／166

三家分晋／168

伯牙绝弦为知音／174

神医扁鹊／176

煌煌经典《论语》／178

● 私学的兴起／180

● 中外大事年表对比／182

春秋

前770年—前476年

王室衰微，诸侯争雄
对权势的贪婪和渴望激起了连绵的血雨腥风
杀伐征战自此成为一种常态
原有秩序的瓦解，社会阶层的动荡
孕育和唤醒的是人文与思想的觉醒

前770年

平王立，东迁于雒邑，辟戎寇。平王之时，周室衰微，诸侯强并弱，齐、楚、秦、晋始大，政由方伯。

——《史记·周本纪》

平王东迁

一个身不由己的天子，因为原罪（平王是由申侯拥立的，在诸侯眼里相当于间接犯了"弑父"罪名）而得不到诸侯的尊重。为了远离威胁和灾害，这位天子将国都由镐京（今陕西西安镐京附近）迁往洛邑（今洛阳东北），没想到的是，历史为他打开的却是另一个时代的大门，在这个门内上演的与他和他的王室将渐行渐远。

时间
前770年

原因
周宣王末年，西北干旱严重，洛、泾、渭三川干涸；地震频发，岐山有崩塌现象；关中充满戎人；宫室文物被毁，土地荒芜；戎、狄外患威胁

主要得益者
郑、秦、晋等诸侯国；因护卫有功，晋文侯得河西之地，秦伯得岐西，郑武公与晋文侯共掌周室政治大权

弊端
丰、镐两京百姓没有随迁，周王室自卫只能求助于各诸侯；
周天子与诸侯之间的关系逐渐反转

意义
西周结束，东周开始

历史典故
黍离之悲

周宣王死后，周幽王继位，立申侯之女为后，立宜臼为太子。周幽王继位的第二年，褒国将一个名叫褒姒的美貌女子进献给周幽王。从此，周幽王沉浸在美色之中，专宠褒姒。不久，褒姒生下孩子取名伯服。周幽王废了申后和太子宜臼，立褒姒为后，立伯服为太子。废太子宜臼担心自己被杀，无奈出奔到申国，投靠自己的外公申侯寻求保护。

褒姒虽美，进宫之后却从未笑过。为了博得美人一笑，周幽王不惜"烽火戏诸侯"。虽引得褒姒一笑，却令周幽王失信于诸侯。

申侯得知自己的女儿被废，心生怨恨，周幽王接报后决定发兵讨伐申侯。申侯闻讯大惊，担心自己势单力薄不是周幽王对手。思来想去，申

犬戎主
犬戎是中国周朝时期活跃在周朝西部（今甘肃东部、宁夏一带）的游牧民族，是现今羌族的始祖。犬戎主一度与申侯合攻，杀周幽王，从此周朝迁都洛邑，是为东周。

扬之水

扬之水,不流束薪。
彼其之子,不与我戍申。
怀哉怀哉,曷月予还归哉?

扬之水,不流束楚。
彼其之子,不与我戍甫。
怀哉怀哉,曷月予还归哉?

扬之水,不流束蒲。
彼其之子,不与我戍许。
怀哉怀哉,曷月予还归哉?

——《诗经·国风·王风》

侯决定联合西方少数民族犬戎共同攻打镐京。为劝犬戎出兵,申侯便许诺攻入镐京后国库中的金帛任凭犬戎搬取。犬戎主遂发兵与申国军队会合,很快将镐京包围起来。这时,沉迷于享乐中的周幽王才惊醒过来,立即点燃烽火,向诸侯求援,但此前已被戏弄的诸侯此次再无一人来救援。镐京很快被犬戎大军攻破,幽王被杀,城中财富被掠夺无数。

谁料犬戎主攻入镐京后,终日饮酒作乐,并无还军归国之意。申侯没有办法,派人送信给卫侯姬和、晋侯姬仇,请他们帮忙撵走犬戎;又遣人到郑国报郑太子掘突,说其父已被犬戎所杀,让掘突起兵复仇。卫、晋、郑几路军马出其不意,将犬戎杀得落花流水,犬戎的残兵败将逃回本国。申侯大摆筵席,款待四路诸侯,迎太子宜臼继位,即周平王。

被驱逐出城的犬戎主并不甘心,他不断派兵侵扰周朝西部的疆域,渐渐逼近镐京。经历了一次洗劫的镐京到处都是颓墙败栋,光景非常凄惨。而周朝此时已是府库空虚,无力修复宫室。于是,周平王决意迁都。

前770年,平王在晋文侯和郑武公的拥护下东迁洛阳。周王室东迁标志着西周时代的结束。周天子的直辖领地本来是邦畿千里,有西部以镐京为核心的宗周,以及东部以洛邑为核心的成周。平王东迁,完全放弃了宗周的部分,定都东部的洛邑,史称东周。

周王室东迁后,今陕西东部和河南中部地区逐渐被秦、虢等国吞没,后来仅能控制洛邑周围。由于各地诸侯不再定期向周天子述职和纳贡,王室收入锐减,为维持日常开支,周王室不得不经常向诸侯求助财物。西周时"礼乐征伐自天子出"的局面被东周时"礼乐征伐自诸侯出"所取代,全国处于分裂割据的状态。中国历史进入了战乱纷争的春秋战国时代。

东周·玉坠
玉坠可垂挂在服饰上,也可单体佩戴。此玉坠体积小巧,雕琢精美。

前706年—前704年

三十七年，楚熊通怒曰："吾先鬻熊，文王之师也，蚤终。成王举我先公，乃以子男田令居楚，蛮夷皆率服，而王不加位，我自尊耳。"乃自立，为武王。

——《史记·楚世家》

楚国称王

社会地位和荣誉的满足通常伴随着实力的增加而来，昔日被冷落和嘲笑的楚国，经过数代人的努力和付出，以一种雄霸的姿态登上历史舞台，开了诸侯僭号称王的先例。

背景

周王室衰微，无力控制诸侯，列国竞相争雄，僻处江南的楚国也跃跃欲试，欲将势力扩张到汉水以东

时间

前706年—前704年

事由

为扩张领土，进攻随国

要求

随侯替楚国向周天子讨封

结果

周天子不予，楚君熊通大怒，自立为楚武王

意义

开诸侯僭号称王之先例

春秋·楚王戈

1978年河南南阳淅川县下寺楚国墓地出土，现藏于河南博物院。中国的冶铁史始于春秋时期，受技术条件影响，当时军队配备的武器多由青铜制造，此铁制戈为楚王所用，足见其珍贵。

出师讨封

西周后期，楚国国君熊渠在位时，不满足于对周的依附，趁周王室衰弱和中原动乱之机，将楚国的势力推进到江汉平原，使楚国逐渐兴盛起来。周室东迁之后，楚已把都城由丹阳迁至郢（今湖北江陵北），地势险要，农业经济发达。当时的楚君是熊通，他杀死自己的侄子取而代之，怎肯在乱世中放过这大好机会？

当时汉水以北的诸侯小国中，以随国最大。周桓王十三年（前707年），熊通率楚军进逼随国。大军到达之后，熊通先派大夫薳章出面去随国试探，于是随国派少师主持和谈。

楚国令尹斗伯比向熊通献计道："楚国一直以来无法取得汉水之东，这是我们自己的原因。汉水之东虽多为小国，但我们若耀武扬威，以兵加之，他们畏惧之下便会团结起来对付我们，这对楚国极为不利。汉水之东诸国以随国最大，如果我们让随国自大起来，离间他们与周边小国的关系，楚国便

季梁雕像

季梁，生卒年不详，随国都（今湖北随州）人，春秋早期的政治家、军事家、思想家。官至大夫，佐随侯期间，提出"夫民，神之主也"的唯物主义思想和"修政而亲兄弟之国"的政治主张以及"避实击虚"的军事策略，使随国成为"汉东大国"。楚亡随后，郢都而终。此像现在湖北随州博物馆。

有机可乘了。臣听说前来谈判的这位少师是个好大喜功之人，我们就把精锐之师隐藏起来，只给他看老弱残兵，助长随国的骄傲。"

大夫熊率且比道："随国有贤大夫季梁在，这个办法恐怕很难奏效。"

斗伯比道："我这条计策并不是为了眼前，少师为随侯信任之人，等他将来掌权时，效果就会显现了。"

熊通于是采纳斗伯比的计策，将精壮士兵全都藏起来，以疲沓的军容、老弱的士卒迎接少师入营。

少师见楚军军容不整，心中便不以为意，见到熊通后，说道："随国无罪，不知上国何以兴师动众？"

熊通道："楚国乃蛮夷之国，被周王封为子爵。如今中原诸侯纷纷叛乱，互相攻击而天子无力制止，楚国虽小，但也有一支不像样的队伍，我们此来想参与中原政事，顺便请周王室赐封楚国更加尊贵的名号。随国与王室同姓，楚君想请随侯代为向王室转达。"

少师归国复命，随侯答应了楚国的条件，楚国立即退军。

少师对随侯道："臣此去谈判，见楚军疲弱，我们不如趁楚军退去的机会去追击，定能取胜。"

大夫季梁道："不可，如今楚国正强，那些老弱之兵一定是诱敌之计，君切不可急躁行事。"随侯只得作罢，安排人去洛邑向王室为楚国讨封。

自立为王

从礼数上来说，楚国要求封王是对周王室的僭越，因此在接见了随国来使后，周桓王果断拒绝了楚国的请

春秋·兽面纹玉牌饰

河南南阳淅川县下寺楚国墓地出土，现藏于河南博物院。青白玉质，器表经浸蚀呈乳黄色。片状，呈上宽下窄的倒梯形。正面中下部饰一兽面纹，两侧对称饰龙头纹；四周对称雕牙脊，背面光素。上、下端居中各钻一圆孔，用于嵌固。造型生动，纹饰繁密丰盈，精工雕琢，是楚文化中的精品。

楚国熊通称王

求。周桓王十六年（前704年），随侯向楚国通报，说周天子拒绝提高楚君的名号。

熊通闻之大怒道："我的祖先鬻熊是文王之师，成王念我祖先曾辅佐王室，封我先君熊绎为子爵，令居楚地统领蛮夷，如今蛮夷全部顺服，而王室却不肯给楚国加尊位，我只能自立为王了。"于是自称王号，为楚武王。

当时随国少师得宠，把持了国政。令尹斗伯比对熊通道："机会来了，如今敌人有机可乘，我们绝不能坐失良机。"

于是熊通以楚武王身份在沈鹿（今湖北钟祥东）大会汉东诸侯。汉东诸国国小兵微，惹不起强大的楚国，纷纷前来赴会，只有黄国和随国没有来。

楚武王熊通先派蒍章去责备黄国，随即率军讨伐随国。

大夫季梁献计道："我们不如先向楚国卑词求和，他们若不许，我们再与楚军决战。这样既能激怒我们的士兵，也能令楚军士兵心生抱怨。"

少师道："楚军远来疲惫，一定要速战，否则就失去机会了。"

随侯采纳了少师的建议，立即点兵迎击楚军。两军在战场摆开阵势，季梁望了望楚军，对随侯道："楚人以左为上，楚君必在左军。右军没有好的指挥官，必然失败。偏军战败，一定会影响全军。"

少师道："国君对国君才是两军

春秋前期·黄季嬴铜鼎

1972年湖北随州熊家老湾出土，现藏于湖北省博物馆。此铜鼎上有"黄作季嬴宝鼎，其万年子孙永宝用享"的铭文，经考证，此为黄国国君为嫁到鄀国的黄氏女子所作的媵器。古黄国是春秋时期嬴姓诸侯国，子爵，是东夷集团的后代。楚国称霸时，黄国借地域优势，近与江、道、柏、弦及与随国结盟，远与齐、宋、郑、卫、鲁等修好，曾一度与楚抗衡，至周襄王四年（前648年）为楚所灭。

对垒应有之义，一定要攻打楚国左军。"随侯没听季梁的计策，随即挥师向楚国左军杀去。经过一番鏖战，随军大败，随侯趁乱逃走而他的兵车以及少师却被楚国俘获。

随侯逃回后，后悔不听季梁的计策，只得向楚国求和。熊通不愿接受和议，斗伯比道："如今少师已被俘获，季梁重新得到信任，随国一时难以攻克，不如让他们尊楚国为王。"

随侯为了让楚国罢兵，只得同意了楚君的新称号。从此，天下除了周王，又多了一王。

事后周桓王召随侯觐见，责备他不该拥楚君为王。但周王室能做的也只是表达口头上的不满，对楚国称王一事其实无能为力。

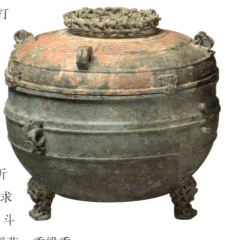

春秋·楚王盏
青铜盏是古代王侯贵族才有资格享用的青铜食器之一，扁圆形，盖隆起，蟠虺纹盘结而成的镂空圆形提手，近沿处饰四个环形耳和两个环形兽耳。盖口有四个等距兽面扣卡，通体饰蟠螭纹，以绳纹间隔。下承三足，蟠虺纹盘结镂空。腹底有铭文，可看出"楚王"字样。

和氏璧

据《韩非子》记载，楚国人卞和在荆山中得到一块璞玉，把它捧着进献给楚厉王。楚厉王召见玉匠鉴定，玉匠说："这是块石头。"楚厉王很生气，认为卞和在欺骗自己，于是砍掉他的左脚。

等到楚厉王去世，楚武王继位后，卞和又捧着那块璞玉进献给楚武王。楚武王又让玉匠鉴定，玉匠又说："这是块石头。"楚武王认为卞和撒谎，砍掉了他的右脚。

等到楚武王去世，其子楚文王继位后，卞和就抱着那块璞玉在荆山下哭了三天三夜，直到双目流出血来。楚文王听说后，便派人去询问原因，说："天下受刖刑的人好多，为何你哭得这么悲伤呢？"卞和说："我不是悲伤脚被砍掉，而是悲伤把宝玉看成石头，把忠贞的人称为骗子。"楚文王就让玉匠剖开璞玉，发现真是一块美玉。于是把它命名为"和氏璧"。

前745年—前679年

秋，王命虢公伐曲沃，而立哀侯于翼。

——《左传·隐公五年》

晋国分裂

位居君位的治国无方，不纳善言；处于臣位的德行出众，贤才纷投，在权力和欲望的诱惑下，本末倒置的结局就是战端的开启。烽烟一起，再无宁日。

时间

前745年—前679年

背景

晋昭侯昏庸，治国不善，且又封叔父姬成师（世称曲沃桓叔）于大邑曲沃；

曲沃桓叔勤政，深得民心

结果

昭侯被杀，曲沃桓叔一脉由此展开夺位之战；

最终曲沃桓叔一脉夺得正统地位，居诸侯之列

曲沃桓叔像

周平王二十六年（前745年），勤王有功的晋文侯逝世，其子姬伯即位，是为晋昭侯。晋昭侯继任后将国都由绛城（今山西襄汾）迁于翼城（今山西临汾），同时又将比翼城还大的曲沃封给了自己的叔父姬成师，世称曲沃桓叔。

在治国方面，晋昭侯完全是一位新手，不但不懂理政，治民无方，而且也不擅长听纳谏言，即位没几年便形成了政荒民散的局面。相反，58岁受封的曲沃桓叔经验丰富，勤政爱民，几年间便将曲沃成功打造成晋国的第二个政治、经济和文化中心，有志之士纷纷前来投奔，其影响力和实力超过了当时的晋都翼城。

周平王三十二年（前739年），大夫潘父杀死国君晋昭侯，迎立曲沃桓叔。早有此心的曲沃桓叔便想入主翼城，不料翼城的人并不喜欢他，晋昭侯的支持者起兵攻打他，曲沃桓叔只得退回曲沃。翼城人随后处死了潘父，拥立晋昭侯的儿子姬平为君，也就是晋孝侯。

周平王四十年（前731年），曲沃桓叔去世，他的儿子曲沃庄伯姬鳝继位。七年后，准备充分的曲沃庄伯率军攻打翼城，晋孝侯领兵抵挡，不幸死于军中。晋人大怒，联合荀国等诸

春秋·窃曲纹簋

1994年曲沃县北赵村出土，现藏于山西博物院。器体浑圆，子母口。盖似球面隆起呈覆盘状，中央有盘口捉手。簋鼓腹，两侧附有龙形双耳，下为外侈圈足，圈足下接三蹄足。盖顶和器身皆饰弦纹、窃曲纹和瓦纹。簋是古代盛食物的器皿，也可用来盛放祭品。此青铜簋的主人为晋国第九代晋侯姬仇，即晋文侯。

侯猛攻曲沃庄伯，庄伯战败逃回曲沃。于是晋人又立晋孝侯的儿子姬郄为君，也就是晋鄂侯。

失败后的曲沃庄伯并不甘心，他四处打点，甚至收买穷困的周王室，积蓄力量准备东山再起。周桓王二年（前718年），曲沃庄伯联合郑国和邢国，再次攻打晋都翼城，甚至周桓王也派大夫尹氏和武氏出兵相助。晋鄂侯力不能敌，只得弃国逃亡到随国去了。

赶走晋君后，曲沃庄伯背叛了周桓王。周桓王大怒，派虢公攻打曲沃，并以王命立晋鄂侯的儿子姬光为晋君，也就是晋哀侯。与此同时，晋国大夫嘉父又从随国迎回了晋鄂侯，并将他安置在鄂城。就这样，晋国出现了三个政权并立的分裂局面。

曲沃庄伯死后，其子曲沃武公继位，子承父志，又对晋国公室发起了多次战争，直到周釐王四年（前678年），曲沃武公才彻底消灭了晋侯的势力，统一了晋国。随后，他向周王室献上大量珠宝，让周釐王承认他为晋国国君，正式居诸侯之列。至此，曲沃桓叔一脉完全夺得晋国的正统地位。

晋国的由来

周武王去世后，周成王即位，成王还有个弟弟，名叫叔虞。传说，叔虞的母亲在即将生产时梦到上天对周武王说："你将生个儿子，名叫虞，我把唐地赐给他。"后来，婴儿生下来后，果然是个男孩，手掌心里还有个"虞"字纹路，所以就给他取名为虞。

一天，周成王和弟弟叔虞玩游戏，把一片桐叶削成圭状送给叔虞说："我把这个分封给你。"史官听见了，请周成王选一个吉日封叔虞为诸侯。周成王说："我和他开玩笑呢。"史官说："天子无戏言。只要说了，史官就要记录下来，并按礼节完成。"于是，到了公元前1033年，周成王将唐（都城在今山西翼城西）封给了弟弟叔虞。后来，叔虞的儿子继位后，改国号为晋，这就是晋国的由来。

前722年

公曰:"多行不义,必自毙,子姑待之。"

——《左传·隐公元年》

共叔段之乱

欲使其亡,必先使其狂。在母命难违的借口下,沉稳的郑庄公一步一步地把无智少识的弟弟引诱到了死亡的口袋里。在政治家的舞台上,胜出的永远是心计和伪装。

时间

前722年

背景

武姜生庄公时难产,因而不喜欢长子,偏爱少子;多次请求郑武公废除长子继承权,立少子,但无果

斗智双方

叔段与武姜:一味进逼,公开违制,以君弱而反之;
郑庄公:诱其谋反而伐之

结果

叔段流亡国外,武姜诚颇反省

郑武公像

郑武公(?—前743年),姬姓,郑氏,名掘突,在位期间使郑国逐渐强盛,为郑庄公小霸奠定基础。

偏心的母亲

郑庄公是郑武公的儿子,他的母亲武姜在生他时,因为出现难产,所以一直不太喜欢这个儿子,给他取名寤生。后来,她又生了小儿子段,特别偏爱幼子。但郑武公还是立了长子寤生为太子。郑武公病重时,武姜屡次向他说叔段如何贤明,请求立幼子为储君,郑武公始终没有答应。

周平王二十八年(前743年),郑武公去世,郑庄公即位。武姜依旧不死心,一心想让小儿子叔段当上国君。她向郑庄公请求将制城封给叔段。庄公推辞道:"制是郑国的险要之处,地位重要,不可分封。除了制,其他任何地方都可以封给段。"

武姜于是又请求将京城封给叔段,郑庄公只得从命,让叔段居住在京城,郑国百姓由此也称叔段为"京城太叔"。

姑息养奸

郑国大夫祭仲劝郑庄公道:"方圆超过三百丈长的大城是国家的祸害,按

颍大夫庙

人情难强回，
天性可微感。
世人争曲直，
苦语费摇撼。
大夫言何柔，
暴主意自惨。
荒祠傍孤冢，
古隧有残坎。
千年惟茅焦，
世亦贵其胆。
不解此微言，
脱衣徒勇敢。
——宋·苏轼

照我们大周先王的制度，封国内的大城周长不得超过国都的三分之一，中城不得超过国都的五分之一，小城不超过国都的九分之一。如今京城的大小不合法度，太叔若据以为乱，只怕国君您会受不了。"

郑庄公道："这是母亲姜氏的心愿，就算对我有害我也没办法。"

祭仲道："这样的话，那就趁早对太叔严加管束，不要让他的势力形成气候，太叔一旦得势，只怕就难以对付了。"

郑庄公闻言笑道："多行不义必自毙，你等着瞧吧。"

叔段居京之后，果然越来越跋扈，他甚至要求郑国西部和北部边境的将军都听命于自己。

大夫公子吕于是又向郑庄公进言道："大臣们无法同时听命于二人，君若想将郑国让给太叔，臣这就去侍奉他。君若没有这个打算，臣请求您允许我去除掉他，以免国中百姓无所适从。"

郑庄公答道："没这个必要，让他自取灭亡好了。"

叔段见郑庄公不闻不问，果然越发嚣张，又私自将郑国的西部、北部边境全部收为自己的领地。

公子吕又对郑庄公道："现在您可以动手了。若任由太叔的势力继续扩大下去，只怕郑国百姓都要去依附他了。"

郑庄公不屑地说："不必担心，他不亲兄长，背叛国君，不忠不义，百姓不会归附他，他的势力越大只会崩溃得越快。"

武姜一直在暗中唆使叔段造反作乱，郑庄公对这一切洞若观火，只是不动声色。叔段听从母亲的吩咐，一直在京城修缮城池，招兵买马，囤积粮草，打造攻防武器。

京剧脸谱之颍考叔

颍考叔，郑国大夫，为人正直无私，素有孝友之誉。在京剧中，人物的性格、身份通常是由脸谱来表现的。其脸谱从色彩上来说，红色表示了颍考叔的赤胆忠心和德高望重，黑色则体现了他忠耿正直的高贵品格。

一切准备就绪后，武姜与叔段商议偷袭国都新郑，二人商量好等叔段的兵马一到城下，武姜的人便会打开城门，杀死郑庄公，夺取君位。

周平王四十九年（前722年），郑庄公得知了叔段和武姜欲行作乱的具体日期，命公子吕率兵车二百乘去攻打京城。叔段欲据城抵抗，可是京城百姓不为他所用，纷纷反叛。叔段不得已弃城而逃，到了共国。从此以后，叔段流落他乡，再也没有回到郑国。郑国百姓也改称他为"共叔段"。

掘地见母

平定共叔段之乱后，郑庄公将母亲武姜软禁在了城颍（今河南襄城东北），并发誓不到黄泉，绝不与她相见。可武姜毕竟是他的生母，过了一段时间后，郑庄公有点后悔自己说过的狠话，他思念母亲却无法见到，为此烦恼不已。

郑国大夫颍考叔，执掌颍谷（今河南登封），他听说郑庄公母子的事后，借向国君进献土产的机会去觐见他。

郑庄公赐给颍考叔饮食，可颍考叔吃的时候，把肉都挑了出来。郑庄公感到奇怪，问他原因。颍考叔道："我有老母在堂，她吃过小人为她准备的食物，却没吃过国君所赐的食物。我想把这些带回去给她尝尝。"

颍考叔的一席话说中了郑庄公的心事，不禁感叹道："你有母亲可以侍奉，寡人却没有。"颍考叔假装不知，询问缘故。郑庄公只得把武姜的事说了一遍，并说自己很后悔。

颍考叔道："这事容易，您只需挖条地道直到见到泉水处，在地道与母亲相见，这样谁能说您违背誓言呢？"

郑庄公大喜，果然如颍考叔所言，命人挖了条地道，在地道和母亲相见，母子二人也和好了。

郑庄公见母
现代名家傅抱石绘。描写姜氏见庄公替叔段请求封邑的场面。宫殿内庭柱耸立，气氛森严，郑庄公端坐一侧，神情凝重，姜氏在共叔段的陪伴下慎言对话，一副小心谨慎的样子。这里，画家将画面定格于这气氛紧张的一瞬间，生动地再现了人物的瞬间神态。

春秋·漆木方壶
出土于湖北宜昌当阳春秋楚墓,现藏于湖北省博物馆。酒器,方口,有盖,长颈,兽耳,台形底座。仿东周常见的青铜礼器方壶,是目前出土的唯一一件。

> 前720年

四月,郑祭足帅师取温之麦。秋,又取成周之禾。周、郑交恶。

——《左传·隐公三年》

周郑交恶

面对强势臣子,不甘心王室权力被蚕食的周天子欲通过分权的方式联合他人,扳回一局。然而,在绝对的实力面前,任何努力都化成了虚招,矛盾不可避免地演化成了一场战争。

时间

前720年

背景

郑国势力的扩张,对王室权力的霸占,引起了周王室的不满和忧虑;

虢公林两次被任命为卿士,制约郑庄公

起因

郑庄公强收周王室的庄稼在先,心生怨恨的周桓王故意冷落前去朝拜天子的郑庄公在后

导火索

郑与鲁、许等国私自换田

结果

周桓王亲自带兵讨伐郑庄公,王师大败,周桓王负伤

影响

周天子"共主"地位名存实亡

周郑交恶后双方互派人质

在王室东迁过程中,郑桓公战死沙场,其儿子郑武公力保周平王。因此在东迁之后,周平王任命郑武公为司徒,与晋文侯一同在朝辅佐王室。郑庄公即位后,承袭了郑武公的卿位,晋文侯死后,郑庄公在朝中权势更大了。

有一次,郑庄公竟然打起了"以王命讨不庭"的旗帜,联合齐、鲁,攻打宋、卫,制服陈、蔡,打败北戎,独揽了王室大权。平王不愿郑庄公独揽大权,于是私下里想立虢公为卿士,这令郑庄公十分不满,他特地为此质问周平王。周平王面对强势的郑庄公心虚地说:"没有这回事。"

郑庄公不信平王的话,平王只得表示与郑国互相交换人质来证明自己对郑庄公没有猜忌。于是王子姬狐去了郑国当人质,郑公子姬忽则到周王室当人质。

周平王五十一年(前

720年），平王驾崩，周桓王继位。桓王遵平王遗愿，将政权交给虢公打理。郑庄公大怒，决定不再去朝觐周王，他还不解气，又令郑国大夫祭足率军在麦熟时节去周王畿内小国温国抢夺麦子，秋天时又去抢夺成周的小米，周、郑由此交恶，关系陷入僵局。

周桓王十三年（前707年），因郑庄公不来朝觐天子，忍无可忍的周桓王亲率陈、蔡、卫三国之师讨伐郑庄公，然而，实力强大的郑国不但打败了联军，还射中了周桓王的肩膀，周天子的威风扫地，"受天有大命"的说法也变成了个笑话。

春秋·郑·虎钮青铜罍
酒器，1923年河南新郑出土。有可能是郑国王室的祭祀之器。

周王室成周、新田附近
周平王东迁后，在洛邑（今洛阳）立都为东周，此时，诸侯坐大，周王室式微，形同虚设，黄河以北渐入晋室，洛阳以东渐入于郑。春秋时仅有洛阳及南部伊、洛水中下游，以成周为都的一片地域由周王室直接管辖。新田（曲沃）附近为晋国的领土范围，后来成为晋的都城。晋国在向四周发展时，西过黄河，东至太行山东麓，北驱狄人，势力达到河北省西南，及东周王畿黄河以北的部分。因此，与太行山以东的诸侯各国矛盾不断。

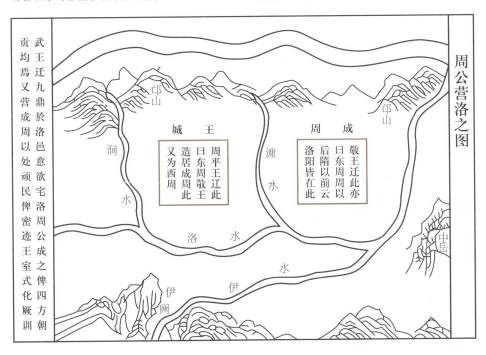

周公营洛之图

> 前719年

于是陈、蔡方睦于卫，故宋公、陈侯、蔡人、卫人伐郑，围其东门，五日而还。

——《左传·隐公四年》

东门之战

这是一场小国之间的群殴战，谈不上惨烈，算不得光彩，却开了春秋诸侯相互结盟讨伐他国的先河，是春秋战国时期各国合纵连横、互相攻击的开端。

时间

前719年

背景

卫国州吁杀哥自立，打着共叔段儿子名义想报复郑国；
宋殇公为求政权稳定，欲杀在郑国的堂哥公子冯；
相互联姻的陈国和蔡国对郑国扩张势力不满

结果

四国联军攻郑，围新郑东门五日后撤军

影响

开诸侯结党之始

历史典故

东门之役（指旧仇）

当初郑国共叔段之乱时，共叔段的儿子公孙滑出奔到了卫国。卫桓公替公孙滑出头，发兵攻打郑国，占领了原太叔的领地廪延。郑庄公是何等强悍之人，怎能咽得下这口恶气？他运用自己的权力，马上调动周王室以及虢公的兵马报复了卫国。

周桓王元年（前719年），卫国公子州吁杀死了他的哥哥卫桓公姬完，自立为君。君位来源不正，为了转移人们的视线，素好武事的州吁借公孙滑的旗号，准备攻打郑国。

正巧，宋国殇公刚刚即位，上一任国君宋穆公的儿子公子冯被安排在郑国定居。州吁登上国君之位的方法让宋殇公对堂哥的戒备心瞬间高升。州吁猜中了他的心事，派使者去面见宋殇公，卑词劝说道："君若想伐郑以除心头之患，君为主帅，卫国愿与陈、蔡两国率兵车相从。"

春秋早期·三角云纹匜

1986年北京延庆玉皇庙墓地出土，现藏于首都博物馆。水器，洗漱器皿之一，洗手洗脸或在举行礼仪活动时浇水所用。深腹，有流，夔龙形执手，下承四兽形足。口沿与流下饰带状三角勾云纹。此器铸工精致，是山戎贵族引进中原的成套青铜礼器之一。

石碏大义灭亲

出自《左传·隐公四年》，讲述了春秋时卫国大夫石碏为了国家杀自己儿子的故事。他曾经劝谏卫庄公，希望教育好庄公之子州吁。庄公死，卫桓公即位，州吁与石碏之子石厚密谋杀害桓公篡位，为确保王位坐稳，派石厚去请教石碏。石碏恨儿子大逆不道，设计让陈国陈桓公除掉了州吁与石厚。

宋殇公一听大喜，立即答应了卫国的请求。为了增加保险系数，州吁还拉拢了对郑国有所不满的两个邻国陈和蔡，就这样，宋殇公便起兵与卫国、陈国、蔡国一道讨伐郑国，四国军队一直打到郑国都城新郑，围住新郑东门攻打了五日后方各自退军。

第二年，为报东门之仇，郑庄公带兵伐卫、攻宋，宋、卫两国也不甘示弱，混战就此拉开了序幕。

大义灭亲

卫国有个贤德的老臣名叫石碏，州吁弑君后，石碏不愿侍奉州吁，便告老回乡。石碏的儿子石厚是州吁的宠臣，州吁发动对郑国的战争后，卫国百姓依旧不愿依附他。因石碏在卫国德高望重，州吁便令石厚回家向石碏询问对策。

石碏道："只要国君去朝觐周王，得到了周王的认可，便名正言顺了。"石厚问："如何才能见到周王？"石碏道："如今周王宠信陈君，而陈、卫两国的关系又很融洽，若国君亲自去请陈君向周王致意，就一定能得到周王的接见。"

石厚向州吁转达了石碏的建议，州吁大喜，于是立即动身与石厚一道前往陈国。

与此同时，石碏也派使者先他们一步到了陈国，对陈君说："卫国不幸，老夫年迈，实在无能为力。州吁和石厚二人是弑君之贼，恳请贵国将他二人拿下。"

陈君从命，州吁二人刚一到陈国便被抓了起来。陈君随后发使去卫国请石碏发落。石碏立即派人去陈国将州吁和石厚全都处死。

前707年

五年春正月，甲戌、己丑，陈侯鲍卒。夏，齐侯郑伯如纪。天王使仍叔之子来聘。葬陈桓公。城祝丘。秋，蔡人、卫人、陈人从王伐郑。

——《春秋·桓公五年》

繻葛之战

一个是号令四方的天子，一个是心怀怨恨的臣子，在一场为找回面子的战争中，一支注定要名留历史的箭抹杀了天下"共主"之尊，见证了一个王朝的没落。

时间
前707年

背景
为了攻打宋国，郑庄公假命伐宋，周桓王愤怒之下除郑伯而独用虢公林父独秉朝政，引起郑庄公五年不朝

发起者
周桓公

参战双方
周、蔡、卫、陈四国联军；郑军

双方指挥官
周联军：中军周桓王、左军周公黑肩、右军虢公林父；
郑军：中军郑庄公、原繁；右军公子曼伯、左军祭仲

结果
郑军大胜，周桓王受伤撤兵

意义
周天子威望扫地，丧失传统征伐和制定礼乐权力；
以战车冲阵，步兵在后的"鱼丽之阵"趋向完善

周桓王十三年（前707年），周王室与郑国的关系恶化到极点，周桓王独用虢公林父处理政务，作为报复，郑庄公一连五年不去朝见周王，甚至不向周王室纳贡。

当时，周朝虽国力衰退，但周王仍然是各国名义上的共主，各国均须向周王室纳贡。因此，郑庄公拒绝纳贡的行为惹怒了周桓王。这年秋天，周桓王传檄诸侯，亲征郑国。结果除了与郑国结怨的蔡国、卫国和陈国起兵响应外，其他诸侯全都作壁上观。周桓王统领中军，右军及蔡、卫二国军队由虢公林父统领，左军及陈国军队由周公黑肩统领，浩浩荡荡地杀奔郑国。

郑庄公听闻消息，急忙召集群臣商议对策，大夫公子突建议以左右方阵对付蔡国、卫国和陈国的军队。公子突道："陈桓公

春秋早期·山戎虎首立马纹柄剑
山戎是春秋时期中国北方的一支比较强大的少数民族，以山林狩猎、高山放牧为业，以青铜短剑为主要武器。此短剑以山戎民族主要的交通工具马为装饰，剑首雕一凶猛的虎的形象，体现了浓郁的游牧民族特色。

刚刚病故，国中诸公子为争君位正杀得不可开交，陈人此时最无斗志。我们若先攻击陈军，陈军必然溃逃，王师见了必乱。那时我们再击溃蔡、卫两军，便可以集中兵力攻击王师，如此则胜券在握。"

郑庄公采纳了公子突的建议，令祭仲指挥左方阵，公子曼伯指挥右方阵，两军全用方阵；大夫原繁和高渠弥则辅佐郑庄公统帅中军，摆出了五乘车在前，一百二十五乘车在后的"鱼丽之阵"，于繻葛（今河南长葛市北）与王师对垒。

本以为兵临郑国城下，郑庄公必定前来赔罪认错，谁知道周桓王无论怎么挑衅，郑庄公就是不出战。一直僵持到午后，郑庄公才下令击鼓冲锋。蔡、卫、陈三国原本便无心打仗，此时见郑国士兵如潮水一般汹涌而来，吓得掉头就跑，丢下周军孤军奋战。

混乱中，郑国将军祝聃远远望见周桓王，一箭就射了过来，正中周桓王的肩膀。就在祝聃打算追上前去擒拿周桓王时，听到了自己阵营收兵的号角，只好作罢。

回营见到郑庄公后，祝聃有些不高兴，郑庄公劝说："无论如何，周桓王仍是天子。与天子交战是迫不得已，兵刃加于天子可是不赦之罪。若是不小心杀了天子，难免落人口实，若是活捉了他，又能拿他怎么样呢？他现在已经知道了我们的厉害，不如就此作罢。"

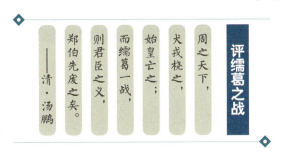

评繻葛之战

周之天下，犬戎椓之，始皇亡之；而繻葛一战，则君臣之义，郑伯先废之矣。

——清·汤鹏

当晚，郑庄公命祭仲前往周王兵营，慰问周桓王，并为白天发生的事情道歉，心有余悸的周桓王担心再被偷袭，匆匆就撤兵而归了。

繻葛之战就这样收场了，箭射天子原是不赦之罪，但郑庄公并未因此获罪，周天子威信扫地。终春秋一代，周天子不再拥有制作礼乐及发令征伐的权力，各诸侯国先后兴起，出现了诸侯争霸的局面。

祝聃射王臂图

前685年

及小白立为桓公，公子纠死，管仲囚焉。鲍叔遂进管仲。管仲既用，任政于齐。齐桓公以霸，九合诸侯，一匡天下，管仲之谋也。

——《史记·管晏列传》

管仲拜相

两个相知极深的朋友，各为其主却彼此赏识；一对不计前嫌的君臣，从相互敌对到赤诚相待，成就的不单单是一段千古佳话，还有一个强盛的国家，春秋时代的第一个霸主。

时间
前685年

主角
齐桓公、鲍叔牙、管仲

背景
齐国内乱，公子纠和小白借机争国君之位

荐举人
鲍叔牙

结果
齐桓公不记旧仇，拜管仲为相，成就霸业

管仲像
管仲（约前723年—前645年），姬姓，春秋时期法家代表人物，被誉为"法家先驱""圣人之师""华夏文明的保护者""华夏第一相"，是中国古代著名的经济学家、哲学家、政治家、军事家。

管鲍之交

鲍叔牙和管仲都是齐国人，他们不仅是邻居，而且还是好朋友。管仲和鲍叔牙合作做生意时，鲍叔牙就常常照顾管仲。管仲出的本钱比鲍叔牙少，拿的分红却总比鲍叔牙多。鲍叔牙手下的人替他打抱不平，鲍叔牙却说："管仲不是贪利之人，只因他家中贫穷，需要赡养母亲，理应多拿。"

有几次，管仲为鲍叔牙出主意，反而把事情办砸了。鲍叔牙不但不生气，反而安慰管仲："事情没有办成并非因为你的主意不好，而是时机不对。"

管仲做过三次官，但都被罢免了。对此，鲍叔牙认为不是管仲没有才能，而是管仲没有遇到赏识他的人。管仲还曾经从军，每次行军打仗都跑在最后面，撤退时却跑在最前面，别人都嘲笑他。鲍叔牙听说此事后，并不认为管仲胆怯，而是管仲惦念家中老母,要活着回去尽奉养之责。管仲听到这些话后,十分感动:"生我者父母,知我者鲍叔牙!"

后来,管仲和鲍叔牙都从政了。当时的齐国国君是齐襄公,生性残暴昏庸,常常无端责骂大臣,致使朝政混乱。公子们为避祸,纷纷逃亡别国。鲍叔牙随公子小白出奔莒国,管仲则随公子纠出奔鲁国。

管仲射钩

周庄王十二年(前685年),齐襄公被斩杀。齐国无君,一片混乱。公子小白和公子纠听闻消息,都想尽快赶回齐国,继承王位。

莒国离齐国较近,公子纠不占优势。于是,管仲便带三十辆兵车先行,日夜兼程追赶公子小白,终于在即墨追上了公子小白一行。

管仲心生一计,便上前问道:"公子,您这是要去哪里啊?"小白说:"去办理丧事啊。"管仲又说:"公子纠是您的兄长,理应由他主持丧

分金遗址

位于河南洛阳市白马寺镇分金沟村外的民居半山墙,相传这里是管仲与鲍叔牙经商分金之处。管仲与鲍叔牙20多岁就相识,起初两人合伙做点买卖,管仲家境贫寒就出资少些,鲍叔牙出资多些,但每到年底时,管仲都会多分些,鲍叔牙跟人解释说管仲家贫,需要多拿些钱回家照顾老母。

管仲射小白画像砖拓片

原画像砖位于山东嘉祥县武梁祠内。为王位之争,管仲箭射小白,不料只击中带钩,小白利用诈死为自己换来了齐国国君之位,即为齐桓公。

事，您不应该做兄长做的事。"鲍叔牙听后，上前说："我们各为其主，你不必多说。"

管仲见护送公子小白的莒国士兵个个怒目圆睁，摩拳擦掌，自知寡不敌众，便佯装退下。没走几步，他突然转身，弯弓搭箭，箭如破竹一般直刺公子小白心窝。小白大叫一声，口吐鲜血，倒在车上。周围人围上去救护，其中一人大喊："不好了！"接着便有人大哭起来。管仲认为已经得手，便驾车飞跑回去向公子纠报告。

谁知小白命不该绝，管仲一箭正巧射在他的衣钩上。小白反应神速，为避免管仲射第二箭，便咬破舌尖喷血诈死。另一边，公子纠听说小白已死，便设宴庆祝，慢悠悠向齐国进发。他们刚进入齐国境内，便得知公子小白已经继位为王，只好匆忙逃回了鲁国。

管仲被执

公子小白继位成为齐桓公，他担心公子纠回到鲁国后有管仲辅佐，必成后患，就找鲍叔牙商量对策。鲍叔牙建

管仲迎宁戚

宁戚是卫国人，学识渊博，才华出众，著有《相牛经》一卷，该书是中国最早的畜牧业专著。相传他早年怀才而不得志，曾为人挽车喂牛。有一天晚上，宁戚将车宿于齐国都城东门之外，恰巧齐桓公深夜出城办事，宁戚击牛角而高歌明志，桓公觉之不凡，便派管仲前去迎接，后来拜宁戚为大夫，让他管理农事。宁戚奖励垦种，薄取租赋，为齐国的富强和齐桓公的霸业起了重大作用。

议说自己亲自带兵到鲁国讨还公子纠，鲁国一定不会为了公子纠而与齐国结仇，会将公子纠的首级献上。

公子纠回鲁国没多久，鲍叔牙便率齐军来到齐鲁边界的汶阳，并派大将出使鲁国。果然如鲍叔牙所料，鲁国的国君不愿意为公子纠冒亡国风险，急忙下令杀死公子纠，又命人把管仲抓起来，打算杀死他。

隰朋听说后，立刻跑去见鲁庄公，对他说："桓公对管仲恨之入骨，非要亲手杀死他才能解恨。你们把管仲交给我吧。"就这样，隰朋带着公子纠的首级和被缚的管仲回到了齐国。管仲刚进齐国地界，鲍叔牙早已在那里等候多时，立刻命人把管仲放了。

管仲拜相

回到齐国后，鲍叔牙打算向齐桓公推荐管仲。于是他拜见齐桓公，先吊唁后恭贺。桓公不解，问他为何吊唁，又为何恭贺。鲍叔牙回答："公子纠是您的兄长，但为了社稷必须杀掉他，所以要吊唁。而恭贺则是因为管仲这样的人才回到了齐国。"

齐桓公一听管仲的名字，立刻火冒三丈，恨不得杀了他。鲍叔牙说："那时各为其主。管仲用箭射您，是在尽一个臣子的责任。如果他成为您的臣子，必定会为您箭射天下。"

《管子》书影
清光绪五年（1879年）影印宋刻本。管仲之作，篇幅宏伟，内容复杂，思想丰富，汇集了道、法、儒、名、兵、农、阴阳、轻重等百家之学，是研究中国古代特别是先秦学术文化思想的重要典籍。

当齐桓公要拜鲍叔牙为相时，鲍叔牙说自己不过是个小心谨慎、奉公守法的臣子，为相者必须能外抚四夷，内稳军心，能使国家安定，君享无疆之福，而管仲正是这样的人才。

在鲍叔牙的多次推荐下，齐桓公挑选吉日，亲自迎接管仲，与他同乘一辆车回宫，在宫中正式拜管仲为相。管仲也没有令齐桓公失望，在他的建议下，齐国兴修水利、开垦荒地、减轻赋税徭役，管仲还向齐桓公推荐了五位有才能的人，让他们分别负责礼仪、农业、军事、法度和劝谏。齐国渐渐恢复元气，开始复兴。齐桓公也更加信任管仲，尊称他为"仲父"。在管仲的治理下，齐国日渐强大，齐桓公也终于成为"春秋五霸"中第一位称霸的国君。

前684年

夫战，勇气也。一鼓作气，再而衰，三而竭。彼竭我盈，故克之。夫大国，难测也，惧有伏焉。吾视其辙乱，望其旗靡，故逐之。

——《左传·庄公十年》

曹刿论战

战场上，兵力不是决定成败的唯一要素。在长勺之战的对垒中，有对心理的分析、对时机的掌控，还有对形势的研判，智慧与勇气，交织成了一个关于后发制人、以小敌大、以弱胜强的经典战例。

背景
齐国国力渐强，齐桓公为建立霸业版图，也为报复鲁国支持公子纠复国，派兵伐鲁

时间
前684年

地点
长勺（今山东莱芜）

交战双方
齐国、鲁国

结果
鲁国获胜，齐国军队被逐出鲁国

影响
鲁国挫败齐军，延缓齐国称霸步伐；
布衣曹刿一战成名

历史典故
一鼓作气

齐桓公拜管仲为相之后，齐国国力逐渐恢复，不到一年时间便强盛起来。在齐桓公与公子纠争夺君位时，鲁国曾率军护送公子纠返齐。于是，齐桓公便以此为借口，同时为争霸天下，不顾管仲竭力劝阻，命高傒、鲍叔牙为将，率兵伐鲁。

周庄王十三年（前684年），齐国军队进入鲁国境内。在此之前，齐鲁两国曾有几次交战，但鲁国都以失败告终。听闻齐国大军压境，鲁庄公和群臣大惊失色，只得慌忙备战。这时，一直隐居的曹刿请见庄公，主动提出为抵抗齐军出谋划策。

鲁庄公问曹刿："齐强鲁弱，我们能胜吗？"曹刿反问庄公："您为自己的百姓做了哪些好事，使百姓能和您同心同德迎战敌人呢？""吃穿我从不独享，经常分给大臣们。""这都是小恩小惠，况

曹刿像
曹刿，一作曹翙，生卒年不详，春秋时鲁国大夫。曹刿是周文王第六子曹叔振铎的后人，著名的军事理论家。因齐鲁长勺之战留名青史。

且您仅仅分给大臣，不能遍及百姓，不会得到百姓的拥戴。"庄公又说："我向来敬重神明，从不虚报祭祀用的牛羊、玉帛数量。""这种小信用不会取得神明的信任，神明是不会保佑您的。"庄公最后说："大小诉讼案件，不因自己所爱而滥赏，不因自己所恶而加刑，一定按实情做出处理。""好！真能做到这样，我们可以与齐国一战。"

曹刿跟随鲁军来到长勺。齐国主将鲍叔牙因一路进军顺利，有轻敌之心，率先下令击鼓进军。军鼓鸣响，齐军呐喊着冲来，鲁庄公欲击鼓迎战。曹刿见状赶忙劝止，建议弱小的鲁军坚守阵地，以逸待劳。庄公听取曹刿建议，决定按兵不动。鲁军纹丝不动，齐军冲不破阵势，只好退了回去。

齐国兵力占优，鲍叔牙下令再次击鼓进攻，鲁军仍岿然不动，齐军又无功而返。鲍叔牙以为鲁军怯阵，便第三次下令击鼓进攻。曹刿认为时机已到，建议庄公果断出击。随着鼓声响起，鲁军如猛虎般冲杀出去，将齐军杀得丢盔卸甲，狼狈溃逃。

> **咏左传·齐鲁长勺之战**
>
> 齐鲁屡构兵，群黎嗟何罪。
> 乾时役初休，背盟寻各悔。
> 曹刿有深谋，临敌击三鼓待。
> 用柔消彼刚，避锐击其息。
> 盈竭迭迁移，知止自不殆。
> 战胜斯一端，莅政至理在。
>
> ——清·颛琰

鲁庄公见状便要下令追击，又被曹刿劝止。曹刿先仔细观察了齐军的车辙，又登上战车远望齐军旗帜，这才建议庄公追击。于是鲁军一路追击，将齐军逐出了鲁国边境。

战后，鲁庄公问曹刿为何齐军第三次击鼓才出击。曹刿回答："打仗主要依靠士气，击鼓就是为了鼓舞士气。第一次击鼓时，士气最盛，如与齐军正面冲突，我军必然吃亏；第二次击鼓，士气大不如前。到了第三次击鼓时，齐军士气已丧失殆尽。此时我军击鼓出击，士气大振，加之前两次成功防御增加了士兵信心，自然能一举打败齐军。

春秋·单耳云纹盉
出土于北京延庆玉皇庙，现藏于首都博物馆。侈口，圆深腹，平底，有圆形鋬和两附耳，腹部饰带状勾云纹与三角云纹。

东周·勾云纹玉琮

玉琮是中国的传统玉礼器之一,祭祀时用来礼地的一种内圆外方的器物,战国以后少见。此玉琮体型较小,上刻精致的勾云纹,青玉质,沁色明显,但温润光亮。现藏于英国维多利亚和阿尔伯特博物馆。

春秋早期·鸱鸮形马胄饰

出自甘肃礼县大堡子山秦公大墓,现藏于中国国家博物馆。这两件马胄饰以金箔剪切成鸱鸮形,通身锤揲出象征翎毛的变形窃曲纹,每件在喙、首、背、尾、腹、爪等部位分布有9对钉孔,精美奢华,曾被盗出后卖往欧洲,几经转手后,2011年由郭焱捐赠归国。

大国间交锋虚虚实实,齐军虽退,也需提防有诈。我观察后发现齐军车辙紊乱,旗帜歪斜,是溃逃之势,这才请您大胆出击。"

在齐国与鲁国的交战中,长勺之战是鲁国罕见的胜利之一,也是齐桓公争霸历史上少有的一次挫败。鲁国获胜,得益于曹刿对敌我双方参战心理、时机的卓越把控,同时也说明"取信于民"这一政治准备的重要性。

鲁庄公姬同档案

时间	概要
鲁桓公六年(前706年)	出生
鲁桓公十八年(前694年)	即位为鲁国第十六位国君
鲁庄公八年(前686年)	收留齐公子纠和管仲,与齐国军队围伐郕,郕向齐投降,因齐不与鲁分功,仲庆父劝其攻齐,以自己德行不够未同意
鲁庄公九年(前685年)	因齐桓公攻鲁,杀公子纠以求退兵,鲁人施伯劝杀管仲未果,放管仲归齐
鲁庄公十年(前684年)	齐鲁长勺之战爆发,采用曹刿建议,取得胜利
鲁庄公十三年(前681年)	与齐桓公会于柯,曹沫劫持齐桓公,逼他退还齐侵占鲁的土地,终获故地
鲁庄公三十二年(前662)	病逝,死前因立继承人问题犹豫不决,引发内乱

前681年

子曰:"桓公九合诸侯,不以兵车,管仲之力也!如其仁!如其仁!"

——《论语·宪问》

齐桓公称霸

在"尊王攘夷"的口号下,齐桓公北击山戎,南伐楚国,九盟诸侯,三平晋乱,强军富民,终使齐国成就一方霸业,也把自己送上"春秋五霸"第一人的位置。

时间
前681年

主要成就
重用管鲍,强军富民;
九盟诸侯,三平晋乱;
平复卫国,驱逐戎狄

借用口号
尊王攘夷

历史地位
春秋时期中原第一个霸主

历史典故
老马识途、
风马牛不相及、
庭燎招士

齐桓公塑像
齐桓公,春秋五霸之首,是姜太公吕尚的第十二代孙,在位期间任管仲为相,实行改革,建立了军政合一、兵民合一的制度,使齐国国富民强。他是历史上第一个代替周天子充当盟主的诸侯。

齐国大治

齐桓公登上王位后,任用管仲为相,开始了各个方面的改革。政治方面,建立宫廷官制,相位之下设立大司行、大司田、大司马、大司理、大谏之官五官,掌管外交、经济、军事、刑法、监察,组成完整的中央政权机构,增强君主权力。地方上,实行国野分治,即国都为国,其他地方为野,设立各级分管制度,加强管理。

军事上实行军政合一、兵民合一。农闲时训练,有战事时出征,这样既省去了养兵费用,又增强了士兵战斗力。为解决兵器缺乏的问题,还规定犯罪可用兵器赎罪。渐渐地,齐国的兵器也充足起来。

经济上,齐国减少税收,提高人口数量,实行粮食"准平"政策,避免富人抢夺穷人粮食,限制贫富差距。

经过一系列改革,齐国国力逐渐强盛,出现了大治的局面,齐国也逐渐走上称霸的道路。

> 齐桓公
>
> 召陵初服荆，首止复宁周。
> 瓜瓞既云茂，楚氛亦奚忧。
> 伟哉一匡功，首盟至葵丘。
> 胡为曾西子，兴言贻彼羞。
> 宣王有遗烈，江汉至今流。
> 舍彼倦王罪，世远及胶舟。
> 孝子贵几谏，忠臣纳嘉猷。
> 羽翼制君父，嗟兹乃诡谋。
> 囹伯已如此，震矜何足尤。
> 春秋不获已，世降日滔滔。
> 将无彼善者，桓公谁与俦。
> ——明·王犛

北杏会盟

齐桓公一心想当诸侯的霸主，便趁齐国国力雄厚会盟诸侯。管仲知道后，对桓公说："周天子虽然失势了，毕竟还有天子的名声。如果您能借天子之命，会盟诸侯，订立盟约，尊王攘夷。到那时，其他诸侯国都会推举您。"

齐桓公觉得管仲的话有道理，就问管仲具体的实施方法。管仲说："宋国正在发生内乱，新国君地位不稳。而新天子周釐王刚刚继位，您可以派使者向周天子朝贺，并请周釐王下命令宣布宋国国君的地位。您拿到天子的命令，就可以用天子的命令来召集诸侯了。"

桓公听了连连点头。此时，周天子已经没了实权，诸侯忙着争夺地盘，都忘记了朝见天子的事情。周釐王见齐国这样的大国派使臣前来朝贺，心里非常高兴，就请齐桓公代自己宣布宋国国君的地位。齐桓公奉周釐王命令，通知各国诸侯到齐国的西南边境北杏会盟。

周釐王元年（前681年），齐邀宋、陈、蔡、邾等几个国家的国君会盟，齐桓公成为盟主，这就是北杏会盟。

此前的盟会都由周天子主持，齐桓公以诸侯的身份主持盟会，在历史上还是第一次。尽管参加北杏会盟的诸侯国都是一些小国，但拉开了齐桓公称霸的序幕，春秋五霸的辉煌篇章由此翻开。

老马识途

周庄王十三年（前684年），齐国在长勺被鲁国击败。但这次失败并没有影响齐桓公后来的霸主地位。经过十多年的发展，齐国国力日渐雄厚，成为当之无愧的霸主。

燕国被附近的一个部落山戎侵犯，便派使者向齐国求援，齐桓公决定率大军去救燕国。周惠王十四年（前663年），齐国大军到达燕国时，山戎已经逃走了。齐燕两国的军队一直向北追去，却被敌人引进了一个迷宫般的山谷，无论如何都找不到原来的路。

最后还是管仲给齐桓公出了主意："马也许能认得路，不如找几匹当地的老马，让它们走在前面，或许能把我们带出这个山谷。"

桓公命人挑出几匹老马在前面带路，果然领着两支军队走出了山谷。

齐国助燕国打败山戎后，邢国也遭到一个狄人部落的侵犯。齐桓公又助邢国赶跑了狄人，帮邢国重筑了城墙。此后，齐国又助卫国打败狄人，重建国都。这几件事使齐桓公在诸侯国尤其是小国间提高了声望。

卫姬谏齐桓公
出自东晋顾恺之的《女史箴图》。卫姬是齐桓公的夫人，生有一子无诡。她不但聪慧，还比较有政治头脑。齐桓公继位后，有一阵子非常迷恋靡靡的郑卫之音，不思朝政，卫姬见到后非常担心，为了能使夫君积极上进，她就拒绝陪他一起听这种音乐，甚至自己也不听，以此来达到劝谏齐桓公的目的。

九合诸侯

齐桓公实施一系列改革后，齐国走上称霸道路。齐桓公先是与邻国修好，将侵占鲁国的棠、潜两邑归还鲁国，让鲁国成为齐国南边的屏障；后又归还侵占卫国的台、原、姑、漆里四邑，让卫国成为齐国西边的屏障；归还侵占燕国的柴夫、吠狗，让燕国成为齐国北部的屏障。

北杏会盟时，宋、陈、蔡、邾四国订立盟约，后宋国违背盟约，齐桓公以周天子名义率军伐宋，迫使宋国求和，这就是"九合诸侯"的第一次。此后，齐国又灭了谭、遂、鄣等小国。

周惠王二十年（前657年），齐桓公和蔡姬乘船游玩，蔡姬晃船，桓公害怕，阻止蔡姬。蔡姬非但不听，还继续晃个不停。桓公大怒，把蔡姬送回了蔡国。蔡国国君十分不悦，就把蔡姬又嫁

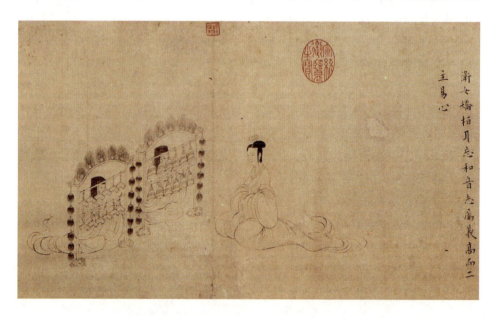

春秋·狩猎纹青铜鉴
水器。敞口,平沿,深腹,圈足。颈腹部附有对称的两对铺首,盖面活环;口沿饰一周三角回纹,颈和腹部饰狩猎纹,人们搏杀、射猎,野兽亡命奔逃,图案画面清晰,场面巨大。圈足饰绳纹一圈。此鉴内壁亦装饰有各种姿态的动物纹,较为罕见。现藏于美国弗利尔博物馆。

东周·"武"字斜肩弧足空首布

斜肩空首布,为春秋中晚期至战国早期流通于洛阳附近的铸币。足线向上呈弧形弯曲,四周有廓,銎上多有三角形或不规则穿孔,銎内常见残留范泥。为先秦时期的钱币珍品。

给了别人。桓公得知这一消息后大发雷霆，周惠王二十一年（前656年），齐桓公带领鲁、宋、陈、卫、郑、许、曹等诸侯国军队讨伐蔡国，致使蔡国臣民反叛。

同年，齐桓公又以楚国国君自称"楚王"为由，带领诸侯讨伐楚国，最终使楚国和八诸侯国订立了盟约。

后来，周王室发生内乱，齐桓公又帮助太子郑巩固了地位。太子郑就是周襄王。周襄王为了报答齐桓公，派使者为齐桓公送去祭祀太庙的祭肉，算是一份厚礼。齐桓公借此机会在宋国的葵丘会合诸侯，招待天子使者，并订立了盟约，约定各国兴修水利、防水患，不把水排到邻国；邻国有灾荒来买粮食不得禁止；订立盟约的诸侯国之间友好相待；等等。这是齐桓公最后一次会合诸侯。这样的会合共有很多次，历史上称作"九合诸侯"。

齐桓公打出"尊王攘夷"的口号，通过会合诸侯，北击山戎，南伐楚国，齐国一匡天下，成为中原当之无愧的霸主。

春秋战国门·齐桓公

三往何劳万乘君，
五来方见一微臣。
微臣傲爵能轻主，
霸主如何敢傲人。

——唐·周昙

春秋霸主齐桓公与晋文公对比

齐桓公	晋文公
姜小白，与兄争位成功即国君位	姬重耳，在秦穆公支持下杀侄即位
拜管仲为相，整顿内政，发展生产，强军富国	拔擢贤能，通商宽农、明贤良、赏功劳，使国力大增
提出"尊王攘夷"，九合诸侯，北击山戎，南伐楚国，凭借政治优势取得霸业	对外联合秦国和齐国伐曹攻卫，救宋服郑，平定周室子带之乱，通过城濮之战，打败楚国，凭借军事优势取得霸业
葵丘会盟上代周天子号令诸侯，霸主地位达到顶峰	践土之盟以周天子之命召集诸侯，霸主地位确立
晚年昏庸，重用佞臣，在诸公子争位混战中，被活活饿死	寿终正寝
孔子评其"正而不谲"，司马迁评其"好内，多内宠"	孔子评其"谲而不正"，司马迁评其"谦而好学，善交贤能智士"

前660年

卫懿公好鹤，鹤有乘轩者。将战，国人受甲者皆曰："使鹤，鹤实有禄位，余焉能战！"

——《左传·闵公二年》

痴鹤亡国的卫懿公

百姓痴物，玩物丧志，不悟者家破人亡；而国君痴物，沉溺其中，不悟者国破民伤。痴鹤成性，卫懿公抛却国事、臣民，只知奢侈淫乐，众叛亲离中，鹤飞国灭。

时间
前660年

主角
卫懿公

特殊爱好
养鹤

疯狂举止
封鹤为官，为其配出行车子、侍从和宅第

造成局面
国库空虚，赋税严重，百姓怨声载道

导致结果
狄人来犯，无人领兵

卫懿公像
卫懿公（？—前660年），姬赤，春秋时期卫国第十八任国君。继位后，终日只知奢侈淫乐，喜好养鹤，竟赐给鹤官位和俸禄，因此遭致臣民怨恨。狄人来犯时，竟无人支持他御敌，最终身死国灭。

春秋时，卫国是中原北部的大国。周幽王时，卫武公带兵助周平戎有功，武公卒，庄公即位。庄公时卫国日益衰落。

周惠王九年（前668年），卫懿公继位成为卫国国君。卫懿公有一个特殊的爱好——养鹤。鹤羽毛洁净、脖颈修长、亭亭而立，着实令人喜欢，但卫懿公痴迷于养鹤，对国事置之不理。

卫懿公好鹤，那些趋炎附势之人想求官邀宠，就千方百计向卫懿公献鹤。于是，宫中到处养着鹤，宫苑地方不够，卫懿公就下令扩建宫殿，致使百姓负担越来越重。卫懿公还把鹤按照身姿、品质分为不同等级，甚至授以官阶，给它们分发相应的俸禄，每位"官"还有各自的侍从、宅第、车乘。宫中一下子增加了这么多"官"，养鹤的人也享有很高的费用，各项费用都越来越多。国库不够，卫懿公就下令向百姓强征，至于百姓的疾苦，卫懿公根本不闻不问。百姓赋税越来越重，怨声载道。

更过分的是,如果卫懿公出游,他所养的鹤也要轮班跟随。卫懿公还命人为随行的鹤准备专门的车,将其命名为"鹤将军",在自己的车前开道。

卫懿公好鹤荒政,不仅搞得卫国人心离散,还为觊觎中原的北狄提供了入侵的机会。

周惠王十七年(前660年),北狄王率两万骑兵向卫国突袭而来。卫懿公正带着他的"鹤将军"出游,闻讯惊慌失措,忙回都城准备应战。军队人数少,卫懿公就下令征兵。百姓早受够了横征暴敛,就大声抱怨:"让大王派鹤去打仗吧!它们享受着大夫的俸禄,我们却连饭都吃不饱,哪里有力气打仗!"

卫懿公见百姓对征兵号令不理不睬,就下令四处抓壮丁,发给兵器,强行编入军中,准备迎战北狄入侵。

战场上,卫军遭到了北狄骑兵排山倒海般的攻击。卫国军队中很多都是强征入伍的百姓,本就缺乏训练,无心作战,遇到训练有素的北狄骑兵,被一冲而散,打得溃不成军。卫懿公来不及撤退,被北狄士兵团团围住,惨死在乱刀之下。随行的大臣被擒,押在囚车中,被逼着向城中百姓喊话,要求卫国臣民投降。

最终,北狄士兵冲入城中,来不及逃跑的百姓遭到了残忍的杀害,城内尸骨累累。

当时正是齐桓公称霸,他打出"尊王攘夷"口号,助卫迁国。据《左传》记载,迁移到新城漕(今河南滑县西南)的卫国人只有730人,加之共、滕两地的人民也只有5000人。后来,在齐桓公的帮助下,卫国复国,公子毁被立为国君,这就是卫宣公。卫懿公好鹤荒政,不仅将百姓陷于水深火热之中,还给整个国家带来了灭顶之灾,成了玩物丧志的代表。

仙鹤

春秋卫懿公好鹤,给鹤分封爵位,乘轩车,不顾国人死活。北方游牧民族狄人乘机来攻,众将士讽言鹤有爵位,应派鹤出征,卫国不战而溃,被狄所灭。

春秋·伎乐铜屋

1982年出土于浙江绍兴坡塘306号墓,现藏于浙江省博物馆。长方形,室内跪坐六人,两名乐伎双手相交,神情恭顺;四名乐师或吹笙,或抚琴,或执槌击鼓,或执棍击筑。是罕见的先秦青铜房屋模型。

前661年和前658年

戎狄豺狼,不可厌也。诸夏亲昵,不可弃也。宴安鸩毒,不可怀也。

——《左传·闵公元年》

存邢救卫

就在齐桓公的霸业如日中天时,一支北方游牧民族突如其来杀入中原,能否遏制北狄的攻势,保护中原诸侯的安全,成为考验中原霸主实力和威望的关键。

时间
前661年和前658年

抵御对象
北狄

援助国家
邢国、卫国

援助者
齐桓公

结果
齐桓公巩固了中原霸主地位

齐桓公任用管仲为相,经过20多年的改革与整顿,在政治、军事、经济等各方面都有发展。齐桓公打出"尊王攘夷"口号,在各诸侯国之间树立威信,很多诸侯都聚集在齐国麾下。就在齐桓公的霸业如日中天时,北狄也在觊觎中原小国。北狄是游牧民族,骑兵训练有素且残暴成性,他们的目标往往是那些弱小的国家,对齐桓公的霸业造成了巨大的挑战。

周惠王十六年(前661年),邢国使者来到齐国求见齐桓公,说邢国正在遭受北狄军队的入侵,面临亡国危险,请求齐国救援。

自春秋以来,北狄不断侵扰中原,但从没威胁过一个国家的存亡。邢国使者的话令齐桓公十分震惊,但齐桓公又有些犹豫,因为近几年齐国在外交上颇为忙碌,先后帮助燕国打退北戎、助鲁国整顿内政,齐国国内缺乏休整,且邢国距齐国千里之遥,军队需长途跋涉。

齐桓公举棋不定,召来大臣们商讨对策。管仲上前对桓公说:"夷狄是

北狄人像
出自《山海经·大荒西经》。北狄国据传是黄帝的后裔,中国古代北方民族,春秋以前居住在河西、太行山一带。

异族,和我们文化不同,如同豺狼一般,不能满足他们的欲求。各诸侯国虽有同姓有异姓,但也有着共同的文化、共同的信仰、共同的语言、共同的价值观与生活观,是一家人,不应当抛弃他们。"

桓公听了,觉得管仲的话十分有道理。

管仲又道:"如果我们贪图安逸,置他们于不顾,就像是在饮鸩止渴,最终会威胁到自己。"

管仲的一番话道出了齐桓公"尊王攘夷"的思想纲领,桓公当即决定发兵救援邢国。但北狄骑兵"见好就收",他们得知齐国派兵前来救援,如潮水一般退去,等齐国军队到达邢国时,北狄军队早没了踪影。

北狄虽从邢国撤兵,但并没有放弃对中原的侵扰,他们很快就找到了新的弱小目标——卫国。

当时,卫国的国君是卫懿公。懿公好鹤荒政,致使百姓怨声载道,内政不治,国力衰微,为北狄的入侵制造了可乘之机。

北狄入侵卫国时,卫懿公立刻征兵。但百姓对卫懿公好鹤荒政的行为早已感到厌倦,纷纷出逃。卫懿公后悔也为时已晚,他把政权交给大臣,自己亲率军队上阵杀敌。但由于卫国的军事训练长期废弛,士兵也人心涣散,被北狄骑兵一冲即散。最终,卫懿公被北狄士兵团团围住,惨死于乱刀之下。

后来,齐桓公派公子无亏率三百辆战车前来救援。在公子无亏的帮助下,卫国重新建国,逐渐稳定了形势。

北狄又打起了邢国的主意,但齐桓公早有准备,意识到黄河以北尽是夷狄的地盘,就决定将邢国迁走。

这一系列的历史事件被称为"存邢救卫",经过一系列的举动,齐桓公的霸业达到了鼎盛。

春秋·虎耳铜豆

青铜豆是古代盛肉酱、调味品或黍稷之类的盛食器。此豆子母口,圆鼓腹,高足。盖中央置圆形捉手,通体饰蟠螭纹。虎形耳,兽尾作垂耳,构思巧妙。造型大方,雕刻精细,工艺上采用春秋时常见的印模压制。

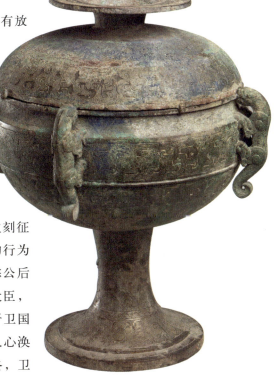

前657年

齐侯与蔡姬乘舟于囿,荡公。公惧变色;禁之,不可。公怒,归之,未绝之也。蔡人嫁之。四年春,齐侯以诸侯之师侵蔡,蔡溃,遂伐楚。……

——《左传·僖公四年》

齐桓公伐楚盟屈完

这是一场因为一个女人的玩笑而引发的战争,为了找回面子和尊严,春秋第一位霸主齐桓公联合了齐、鲁、宋、陈、卫、郑、许、曹等诸侯国,发起了一场声势浩大的伐楚行动,然而在一次次精彩的外交斗争后,双方最终握手言和。

背景
日益强大的楚国对齐国霸权构成威胁

时间
前657年

起因
桓公夫人蔡氏捉弄桓公,被遣返回国,后改嫁。桓公怒而伐蔡,进而攻打支持蔡国的楚国

交战双方
以齐国为首的诸国联军;楚军

双方外交家
齐国管仲;楚国屈完

结果
双方握手言和

意义
齐国巩固了霸主地位,天下大势维持在较为平稳的状态

历史典故
风马牛不相及

祸起红颜

齐桓公做了齐国国君之后,任用管仲为相,进行一系列改革,迅速让齐国强大起来。他东征西讨,先后灭谭国、遂国,攻鲁国,伐宋国,讨山戎,屡次与各国国君会盟,建立了自己的霸主地位。

周惠王二十年(前657年)的一天下午,齐桓公与夫人蔡姬在园林中乘舟戏水。蔡姬一时兴起,想要捉弄齐桓公,便故意晃动起了小船。齐桓公不识水性,顿时吓得脸色煞白。他让蔡姬住

齐桓公像
管仲病重时,齐桓公就相位后续人选问他,管仲一一否决了杀子求荣的易牙、弃亲求荣的开方和自阉求荣的竖刁,认为他们做事不合人情,不能亲近。管仲死后,齐桓公没有采纳他的意见,导致这三人专权乱政,齐桓公病重时,他的五个儿子各率党羽为争君位相互攻打,在混乱中没人理奄奄一息的齐桓公,终使一代霸主活活饿死,尸体在床上放了六十七天,腐败不堪,直到齐君新立才把他收殓。

手，蔡姬却不听话，心想再逗逗这个老头子，更加放肆地摇晃小船。

齐桓公又气又怕，当他双脚刚踏上结结实实的大地时，便对着蔡姬一顿痛骂，让她自己滚回娘家。蔡姬羞愤而去，回到蔡国天天以泪洗面，抱怨桓公不念夫妻情意。

其实，齐桓公并没有打算休掉蔡姬，只是想惩戒她一番。哪知蔡姬的哥哥蔡穆侯一时义愤，大骂齐桓公，说蔡姬年轻貌美，不愁找不到好丈夫。于是在他的一手安排下，蔡姬改嫁他人。

齐桓公听到这个消息，勃然大怒，自己的夫人怎能改嫁他人？于是，齐桓公大手一挥，起兵讨伐蔡国。战争的硝烟因一个女人的一时玩笑而起，烧遍了蔡国的疆土。

齐国故都复原模型
位于今山东临淄区的齐国故都，是春秋时期东方最大的城市，战国时成为当时的文化中心，以兼容并蓄、学术自由而著称于世。

借蔡伐楚

蔡国本是个小国，很快便被齐国大军攻克。齐桓公出了心中恶气，但战争远未结束，蔡国背后的老大楚国浮出水面。楚、蔡之间原有联盟，楚国是蔡国的背后依仗。

楚国身处蛮夷之地，逐渐强大，一直想染指中原政治。楚国国君不仅不向周王室进贡，还自立为王，四处征讨，开疆辟地，严重威胁到了齐国的霸主地位。齐桓公无法坐视楚国的强大，此番兴兵攻蔡，正是想给楚国点颜色瞧瞧。

周惠王二十年（前657年）秋天，楚国攻打郑国，齐桓公便召集各诸侯国国君会盟，商讨伐楚救郑。于是，第二年春，齐桓公打出"匡扶正义，辅助周室"的旗号，联合齐、鲁、宋、陈、卫、郑、许、曹等诸侯国，对楚国进行

了讨伐。

浩浩荡荡的诸侯联军进兵楚国，声势浩大。战争并非儿戏，各诸侯国之所以响应齐国，是因为其中包括郑国在内的六个国家是楚国向北征伐的对象，彼此休戚相关。共同的威胁，激起的是同仇敌忾。

相持不下

以齐为首的各国部队刚刚在楚国边境驻扎，楚国国君楚成王便派使节来了，质问齐桓公。

"您在北，我在南，咱们风马牛不相及，您为什么要入侵我国？"齐国国相管仲站了出来："以前召康公就对我们的先君姜太公说过，我们有权征讨五侯和九伯，东到海边，西到黄河，南到穆陵，北到无棣，以辅佐周王室。你看看你们楚国，有多久没有上贡了，这是对周王室大大的不敬。"

楚国使节一时语塞。

管仲得理，继续打压对手："周昭王南巡，至今未回，我们此番前来就是查问此事。我看你们楚国是脱不了干系。"

楚王使节一听豁出去了，耍起了无赖："贡品没有上贡确实是我们的责任，今后我国一定按时按量上贡。至于昭王的事，并没有发生在我楚国，他是在汉水边上失踪的，您可以去那边问问。"

双方外交上第一次交锋，楚国落败。诸侯联军不可能被如此轻易打发，军队继续向前开进。

握手言和

齐国联军进入楚国，与楚军相持不下，双方一直对峙到夏天。如果开战，以齐国为首的联军是灭不掉强大的楚国的。如果不开战，就这样僵持下去，有损齐国的威风，且各路军马也是要吃饭的，这是笔很大的开销，再强大的齐国也经不住如此消耗。当然，楚国也不希望开战，一旦打起来，最先遭殃的是楚国的城池和百姓。于是，双方各

楚成王像

楚成王（？—前626年），芈姓，熊恽，弑杀其兄楚堵敖夺位。即位后，布施恩德，与诸侯修好结盟，向周天子进贡以巩固王位，镇压夷越各族，大力开拓疆域。先后灭亡弦、黄、英、夔等国。前638年，在泓水之战中战败宋襄公，称雄中原。后遭太子逼迫自杀。

自向对方发出和解的信号。

这次,楚成王派了坚毅果敢、沉着冷静的屈完前去齐国营地谈判。诸侯联军为了表示诚意,暂时后退到了召陵(今隶属河南)。

当然,齐国霸主的地位仍然要让对方见识一番。齐桓公和屈完共乘一车,进行了威武雄壮的阅兵。齐桓公对屈完说:"各诸侯的军队来到这里不是为了我一个人,我们为什么来这里?还不就是想保持各国向来的友好关系?"

屈完听到这话,知道对方是想和解,总得说点好话:"感谢各国国君不灭我楚国,愿意接纳我们国君,这也是我国国君的心愿。"

事情基本谈妥了,齐桓公又指着队列整齐、气势如虹的军队,说:"这样的军队去作战,谁能抵挡?这样的军队去攻城,何城不破?"

屈完反击道:"君主您用德义安抚诸侯,没人不服。可要是用武力,楚国有方城山为城墙,有汉水作护城河,就算您军队再多,只怕也起不了作用。"

齐桓公一听此话,十分气闷,恨不得立马宰了这个家伙。可是目前局势容不得他逞一时之快,屈完虽可气,但他说的也是实话。于是,齐桓公与楚国在召陵签订盟约,退兵回国。

齐桓公伐楚,两军虽未交战,却达到了遏制楚国的目的。楚国取消了王号,停止了向北征伐的势头,也恢复了向周王室进贡,实质承认了齐国的霸主地位。见识到齐国的实力后,楚国稍稍收敛了扩张的步伐。

齐国以不战而屈人之兵,赢得了胜利,霸主地位得到进一步的巩固。一场战争,因一个女人的玩笑而起,又因外交家们的精彩辞令而止,从中显现了当时各诸侯国之间的力量对比。

春秋时"国人"和"野人"对比

国人	野人
原始社会的公社农民,居住在城郭之内	原始社会的公社农民,居住在郊外
基本构成是周族奴隶主贵族的后裔及其平民	基本构成是被征服的外族平民,与西周统治者没有血缘关系
有参与政治的传统,或决定国君的废立、或过问外交和战、或参议国都的迁徙	虽然也有公社组织,但没有政治权利,也不能建学受教育
劳役范围只限于"修城郭""除道""成梁",而且服徭役依年龄的大小有轻有重,参与卒伍时为军队主力	劳役没有时间、种类和轻重规定,参与卒伍时只能做些苦役及杂役的事情
其利益受到危害时,他们有权也有能力反抗,贵族可利用其力量更换国君	没有自由迁徙的权利,也没有权力和能力反抗,地位仅比奴隶好一些

> 前658年

晋荀息请以屈产之乘与垂棘之璧，假道于虞以伐虢。公曰："是吾宝也。"对曰："若得道于虞，犹外府也。"

——《左传·僖公二年》

假道伐虢

虞虢两国本是邻居，国小力微而唇齿相依，面对强大的晋国本应彼此互助。但沉迷在利诱中的两国国君，看不到潜藏的危险，出卖邻居的同时也走向了亡路。

主角
虞国、虢国

时间
前658年

入侵者
晋国

计策
离间虞、虢两国，向虞国献宝，借道灭虢，回程时再灭虞国

历史典故
唇亡齿寒

春秋·兽面青铜铙
春秋时打击乐器之一，又称钲，执钟，柄中空可安木把。使用时执把，铙口朝上，用槌敲击。最初的功能为军中传播号令之用，后用于祭祀和宴乐。此铙满饰兽面纹，充满了神秘感。现藏于美国纽约大都会艺术博物馆。

虞国和虢国是春秋时期的两个小国，两国相邻，关系十分友好。晋国想要吞并这两个小国，但出兵其中一个国家，另一个国家就会出兵救援。

周惠王十九年（前658年），晋献公找来大臣荀息，问他："我们可以攻打虢国吗？"

荀息对献公说："虞国和虢国关系很好，如果我们以一己之力去对抗两个国家，只会让自己陷入被动。臣听说虢国国君喜好美色，主公可以将一位晋国美女送给虢国国君，他肯定会欣然接受。等到他不理政事、排斥忠良时，我们再给犬戎一些好处。虢国内忧外患，我们便有机可乘。"

晋献公采纳荀息的建议，给虢国国君送去了美人。虢国国君果然十分欣喜，有大臣劝他这是晋献公的陷阱，虢国国君也不以为意。从那之后，虢国国君沉迷于美色、歌舞之中，不理朝政，大臣多次劝谏也毫无作用。

虢国日渐衰落，晋国逐渐掌握了机会。大臣荀息又献上一计："要想攻打虢国，必借道虞国。虞国国君

十分贪婪,您可以送去他喜欢的良马和美璧,向虞国借道。"

见晋献公心有不舍,荀息又说:"我们并不是真的将两样宝物送给虞国,只是暂时放在虞国罢了,等灭了虞国,宝物还将回到您的手中。"

于是,晋献公将良马和美璧送到虞国,希望借道攻打虢国,并应允将夺得的宝物全部给虞国。虞国大臣劝谏国君:"虞虢两国唇齿相依,两国彼此相助,才没有被晋国所灭。如果虢国灭亡,虞国必不能独存。"

虞国国君一心只想着晋国送来的宝物,根本就听不进大臣的劝谏。大臣们见国君已下定决心,深知再劝谏也没有用,只得放弃。最终,虞国国君还是答应了晋国借道的请求。

晋国大军借道虞国,只用了四个月就取得胜利,灭了虢国。军队回程时,晋军大将里克把劫夺的许多财宝都分给了虞国国君,使他放松了警惕。随后,晋军大将又谎称生病,不能带兵回国,请求虞国国君同意让晋军驻扎在虞国国都附近。虞国国君没有多想就同意了。

几天之后,晋献公亲率大军到达虞国国都,虞国国君亲自出城相迎。晋献公又假意约虞国国君到城外打猎。虞国国君出城不久,便见都城中起火,当他赶到城外时,都城已被晋军里应外合强占了。就这样,虞国也被轻易打败,晋国送来的良马和美璧也被收回。虞国国君贪得无厌,最终不但没有占到便宜,反而将自己的国家拱手让与晋国,这就是"唇亡齿寒"这个典故的由来。

虞国与虢国简介

虞国	虢国
姬姓,始封君为周太王古公亶父之子仲雍的曾孙虞仲,在今山西省南部夏县和平陆北一带	姬姓,由周文王的两个弟弟所建,虢仲封西虢(今陕西宝鸡市东),虢叔封东虢(今河南郑州西汜水镇)
公爵爵位,公元前658年被晋国所灭	公爵爵位,西虢在周厉王、周宣王时,东迁三门峡,称为南虢,于公元前655年被晋国所灭,东虢公元前767年被郑国所灭
国家名人:宫之奇、百里奚	族人能征善战,其国君多为周朝权臣,所封国土的地理位置,对捍卫周室安全,有着极重要的战略意义
相关成语:假道灭虢、唇齿相依、唇亡齿寒、辅车相依	相关成语:假道灭虢、唇齿相依、唇亡齿寒、辅车相依

▶ 前638年

国人皆咎公。公曰："君子不重伤，不禽二毛。古之为军也，不以阻隘也。寡人虽亡国之余，不鼓不成列。"

——《左传·僖公二十二年》

泓水之战

宋襄公固守"礼义之兵"的作战方式，失去了有利时机，使宋国军队陷入必败境地。自此之后，以"诡诈奇谋"为主导的作战方式正式崛起。

背景
齐桓公死后，中原诸侯一盘散沙，宋襄公想继承齐桓公霸业，与北上中原扩张的楚国争夺霸权

起因
宋襄公为报遭楚成王囚禁之仇，兴师伐郑，郑求助于楚，双方战于泓水

时间
前638年

地点
泓水（今河南柘城县北）

交战双方
宋国
楚国、郑国

结果
宋国大败，失去争霸的实力

意义
商周以来"成列而鼓"的"礼义之兵"的作战方式逐渐退出历史舞台；楚国在中原的扩张已无阻力

齐桓公死后，齐国内乱，丧失了统领中原各诸侯的能力。

齐太子昭逃往宋国，向宋襄公求助。宋襄公联合四国诸侯，共同将太子昭送回齐国，并以武力平定四公子之乱，协助太子昭登上王位，是为齐孝公。

齐国本为诸国盟主，宋襄公助齐孝公夺得君位后，地位便自然得以提高，于是便有了成为新霸主的想法。但宋国本是殷商遗民建立的国家，很难得到广大姬姓诸侯的支持，且其国力有限，算不上一流大国。所以即便宋襄公野心勃勃，诸侯们却并不买账。

宋襄公想借大国之力使小国臣服，决定联络楚国。他认为要是楚国与自己联合，就可以震服中原诸侯。宋臣公子目夷却并不赞成，他对宋襄公说："宋国

春秋·青铜簠
青铜食器豆的一种，古代祭祀宴飨礼器的一种，平盘，又名铺，用以盛放干果和肉脯之类。此簠通体饰蟠螭纹，采用透雕工艺，精美异常。

只是个小国,想要当盟主,是不会有好处的。且楚国一直对中原虎视眈眈,如果主上一定要会面的话,就多带些兵马去吧。"但宋襄公不听,执意轻车简从前往。

周襄王十三年(前639年),齐、楚、宋在盂地(今河南睢县西北)会盟。在会上,宋襄公和楚成王为盟主之位发生争执,楚成王违背信义,竟让事先埋伏好的士兵将宋襄公活捉。

宋襄公被囚,楚军便押着他乘势攻打宋都商丘(今河南商丘),幸亏太宰子鱼率领将士进行顽强的抵抗,才抑制了楚军的攻势,使其围攻宋都数月而未能得逞。

后来,在鲁国和齐国的调解下,楚国成了盟主,宋襄公才被平安地放了回去。

宋襄公遭到盂地盟会的奇耻大辱,心中愤恨,但不敢贸然对楚国动武,便先把矛头指向了臣服于楚的郑国。大司马公孙固和公子目夷都认为攻打郑国会引起楚国出兵干涉,劝阻宋襄公不要伐郑,但宋襄公仍然一意孤行,执意伐郑。

周襄王十四年(前638年),宋襄公亲率精锐部队攻打郑国。郑文公听说这一消息,果然向楚国求救,楚国派大军直攻宋国,宋襄公闻讯急忙从郑

宋襄公像

宋襄公(?—前637年),子姓,宋氏,名兹甫,春秋时宋国第二十任国君。齐国内乱时,宋襄公率领卫国、曹国和邾国等四国人马打到齐国,拥立齐孝公,因此声名鹊起。后欲继承齐桓公的霸业,与楚国争霸,一度为楚国所拘。在泓水之战中因讲究"仁义"而致兵败被伤,次年伤重而死。

国撤军,但楚军仍继续向宋国挺进。宋襄公为阻击楚国于边境地区,屯军泓水(今河南柘城北)以北,以等待楚军的到来。

同年十一月初一,楚军进至泓水南岸,开始渡河,这时战争的优势本来在宋国这一边,宋国的公子目夷鉴于两国众寡悬殊,建议宋襄公把握战机,乘楚军渡到河中间时发动攻击,但宋襄

公不同意，认为自己率领的是仁义之师，不可趁人之危。等楚军渡河后开始布列阵势，公子目夷又奉劝宋襄公乘楚军立足未稳，立刻发动攻击，但宋襄公仍然以"仁义"为先，断然拒绝。就这样，一直等到楚军布阵完毕，准备就绪之后，宋襄公才击鼓向楚军进攻。

宋楚两国实力悬殊，弱小的宋军哪里是楚军的对手。一阵厮杀过后，宋军受到重创，宋襄公也在战斗中腿上中了一箭，其精锐的禁卫军更是悉数为楚军所歼灭。幸亏公孙固等人的拼死掩护，宋襄公最后才得以突出重围，狼狈逃回宋国。

泓水之战使宋国损失惨重，以大败告终，而楚国的势力经此战役也进一步侵入中原，一时无诸侯国可以与之匹敌。

泓水之战虽规模不大，但它标志着商周以来重阵轻谋、讲究礼仪的战争之法退出历史舞台，宋襄公也被认为是拘泥教条、无视变化的千古笑柄。

春秋·鎏金青铜虎形饰（一对）
出土于湖北枣阳郭家庙墓地，现藏于湖北省博物馆。虎呈薄片状，表面采用鎏金工艺，鎏金工艺一直被认为到战国时期才出现，此器物的出现证明了早在距今2700年前，中国已经掌握了鎏金工艺，成为中国迄今发现最早的鎏金实物。

前655年—前637年

晋公子重耳之及于难也。晋人伐诸蒲城，蒲城人欲战，重耳不可，曰："保君父之命而享其生禄，于是乎得人。有人而校，罪莫大焉。吾其奔也。"遂奔狄。……

——《左传·僖公二十三年》

流亡公子重耳

如果论悲情，他算得上官二代里的代表人物，因为父亲宠姬的谗言，他被迫亡命天涯19年，风餐露宿、阅尽炎凉；如果谈成功，他当之无愧地笑傲群雄，即位成君后，贤臣簇拥、国政大治。历史浓墨重彩地为他留了一个位置——中原霸主晋文公。

原因
太子之位相争，骊姬进谗，父子起隙

时间
前655年—前637年

流亡团队
狐偃、赵衰、颠颉、魏犫、胥臣、介子推等

途经之国
狄国、卫国、齐国、曹国、宋国、郑国、楚国、秦国

主要成就
拔擢贤能、壮大晋国；联秦合齐、保宋制郑、勤王败楚、称霸春秋

相关成语
退避三舍、志在四方
贪天之功、危如累卵
艰难险阻、竭泽而渔
割股充饥

后世节日
寒食节、清明节

骊姬之乱，祸起红颜

周惠王二十二年（前655年），晋献公年老，因宠爱年轻美貌的妃子骊姬，逼死原太子申生，自己的另外两个儿子重耳和夷吾也不得不逃奔他国。因为骊姬之乱，加上晋献公本就年老体衰，不久后就离开人世，使得晋国处于内乱之中，有大臣意图匡扶重耳为新王，而重耳却辞谢了。

周襄王二年（前650年），夷吾回到晋国即位，是为晋惠公。晋惠公担心重耳的存在对自己是一个威胁，于是想方设法想要除掉重耳，导致重耳不得不继续流亡。重耳本就是晋国有名望得民心的一个公

齐姜像
齐姜，齐桓公之宗女，晋文公的夫人。为使重耳实现理想与抱负，她宁愿独守空闺，苦劝丈夫抛弃安乐，冒险犯难，回国靖难，她是晋文公称霸至关重要的因素，其远见和魄力深为后人所称道。

子，因而许多认清局势的大臣如赵衰、狐偃、先轸等都表示愿意跟随重耳到其他诸侯国逃难。

就这样，公子重耳开启了一段传奇的流亡之路。

流亡他国，艰苦备尝

重耳逃难到狄国，狄国人攻打了一个部落，将部落长的女儿叔隗和季隗俘获并送给了重耳。重耳思虑后，娶了季隗，把叔隗赏给了赵衰为妻。重耳在狄国住了整整12年，周襄王九年（前643年），晋惠公又派人追杀重耳，他只得打算逃到齐国。重耳知道自己不可能带着妻子季隗一起逃亡，对她说："你等我25年，25年不回来你就改嫁。"季隗说："再过25年就没有改嫁的必要了，还是让我一直等着你吧。"

之后，重耳逃难途中经过卫国，卫国的公子认为重耳的实际地位低下，并不值得自己以礼相待，让重耳受尽了屈辱。重耳来到乡下，饥饿难耐，找附近的几个庄稼人讨些粮食吃。

庄稼人给了重耳一块泥土。重耳很生气，正要发怒，却被狐偃拦了下来，狐偃劝说道："这是上天赏赐的土地呀！土地是农民之本，又为立国之本，如今群雄逐鹿中原，争的不就是这寸尺之土吗？这是要建立国家的好兆头啊。"重耳听后拿着泥土离开了。

重耳率人来到齐国，齐桓公对重耳以礼相待，并将自己的宗族之女齐姜嫁给了他，还送了重耳许多车乘。重耳生活得十分安逸，竟有些不愿意回到晋国夺回君位了。

春秋·错金矛头

两端尖刃，中脊隆起，以错金手法装饰矛身，金已经脱落。错金银工艺源于春秋时期，其目的是用两种金属不同光泽显现花纹美化器物。一般做法是先在青铜器表面预先铸出或錾刻出图案、铭文所需的凹槽，然后嵌入金银丝、片，锤打牢固，再用石蜡将其打磨光滑，达到突出图案和铭文的装饰效果。现藏于美国纽约大都会艺术博物馆。

春秋初年各国对外政治

关系类型	具体做法
华夏对夷狄	以齐国为首，联合华夏各国，北御戎狄，南制强楚
诸侯对周天子	尊王攘夷、挟天子以令诸侯
诸侯对诸侯	齐桓公纠合诸侯"谋其不协、弥缝其阙而匡救其灾"，力图"世世无相害"

看到重耳这样懒散,赵衰和狐偃感到很失望,于是商量着如何离开齐国,没想到被一个养蚕女听到了。养蚕女回去将这件事告诉了齐姜,齐姜听闻后,下令偷偷将这个养蚕女杀死,然后告诉了重耳这件事情。

她对重耳说:"公子您是有远大志向之人,若是不急于重返晋国、争取王位,只是一味留恋妻子和贪图享受,如何对得起那些追随您的人?请您以国家大事为重,如果现在回去,就一定会得到晋国,不要再迟疑了!"

重耳一听,十分不悦,回道:"人生安乐如此,谁说我要走了?我就是死也要死在这里,绝不会再到别的什么地方去了!是你嫌弃我了吧?"

重耳不肯走,于是齐姜与狐偃商量,设计把重耳灌醉后再带走。重耳中计,等到他酒醒后早就离开了齐国。重耳十分生气,甚至拿着武器就要去杀狐偃,最后还是被拦了下来。

重耳来到曹国,曹共公听传言说重耳的肋骨都长得连成一片,十分好奇,想要看看重耳的裸体,于是竟趁着重耳沐浴的时候偷偷观看。曹国的大夫名为僖负羁,他的妻子认为重耳是成大器之人,于是劝僖负羁对重耳示好,僖负羁于是送给重耳一盘食物和一块玉璧。重耳接受了食物,退回了玉璧。

得人相助,登上王位

重耳逃难到郑国,郑文公也瞧不起重耳,无论郑国大夫如何劝诫,郑文

公都不肯听允。因此重耳又只好逃到了楚国。

楚成王对重耳十分敬佩，并设宴款待了他。楚成王趁着酒醉微醺之时问重耳："您如果能够回到晋国当国君，用什么来报答我呢？"公子重耳说："珍宝丝绸、鸟羽象牙、美女侍从，贵国的土地上都生产。晋国哪有什么珍奇物品献给大王呢？"楚王说："公子过谦了。话虽然这么说，可总该对我有所表示吧？"重耳微笑回答道："今后如果晋国与楚国交战，两国在中原相遇，我就让晋国军队主动退避三舍（当时一舍为15千米）。如果您还要进兵，那我就要左手执弓，右手拿箭，奉陪到底了。"

楚国大夫子玉觉得重耳志气非凡，主张杀死重耳以绝后患。楚成王没有答应，还派人将重耳护送到了秦国。

重耳来到秦国，秦穆公本是爱才之人，热情招待了重耳，还将五个秦国女子赐给了重耳。在秦国的酒宴上，重耳吟诗《河水》，秦穆公吟诗《六月》，相互尊敬与勉励。

周襄王十六年（前636年），在秦穆公的帮助下，重耳顺利回到晋国。此时，晋惠公已死，他的儿子晋怀公不善于治国之道，重耳一回到晋国，就得到许多大臣的支持，他在62岁高龄之时登上了君位，即为晋文公。不久，晋文公

晋文公复国图（局部）
李唐绘于北宋末年，描绘晋文公被他父亲放逐在外19年，最后回国即位的故事。现藏于美国纽约大都会艺术博物馆。

派人杀死逃亡的晋怀公,牢牢地掌握了晋国政权。

悉心治国,成就霸业

重耳登上君位后,积极治理国家,采取了一系列治国措施,在晋国内部开展政治与经济改革,制定法度,积极会盟,国内局势稳定。

周襄王十九年(前633年),这时候的晋国已经十分强大,在会盟制度下,晋国前往城濮(今山东鄄城西南)解救被楚军围困的宋国。晋国与楚国交战,晋文公想到楚成王曾经对自己的款待,先下令让晋国军队退避三舍,后大败楚军。这就是著名的城濮之战。

在这样的情势下,晋国、齐国、鲁国、宋国等七个国家同周天子的大

春秋·青铜镶金箔双龙形佩
双龙形佩,青铜制,上镶金箔,春秋时的龙还比较抽象,没有后世的威风和神韵。在青铜器上镶金箔的工艺品很少见,此物现藏于美国弗利尔博物馆。

臣王子虎签订了盟约,推举晋文公为盟主。不久,周襄王任命晋文公为诸侯之长,主持践土之盟,晋文公成为"春秋五霸"中的一代传奇霸主。

寒食节的来历

相传,当年重耳逃亡到卫国之时,没有找到可以充饥的食物,于是他的属下介子推便割下自己的大腿肉煮汤,谎称是麻雀汤给重耳喝下。

重耳了解情况后大为感动,称将来自己做了国君后一定会重加赏赐他。后来,重耳回到晋国,登上君位,不想却将介子推忘记了,等到想起来赏赐他的时候,介子推已带着他的母亲躲到了绵山。晋文公来到绵山请他出山,但介子推不答应。于是有

人劝晋文公引火烧山,烧三面,使介子推只能从一面出来。不想手下人却放火烧了四面,介子推和他的母亲被活活烧死。

得知这一消息的晋文公悲痛不已,下令全国上下在这天不能点灯、不能煮饭,只能吃冷食。这就是寒食节的来由,而晋文公将介子推死时抱着的大树称为清明柳,所以寒食节也叫清明节。

春秋·子犯和钟
一组编钟之一，共八件，刻铭文共133字，记载了晋文公重耳流亡19年后返晋掌权，及晋楚城濮之战等重要史实。作器者为子犯，即晋文公之舅父狐偃。现藏于中国台北"故宫博物院"。编钟是中国古代的一种打击乐器，用青铜铸成，大小不同，按照音调高低的次序排列后，悬挂在一个巨大的钟架上，由于每个钟的音调不同，用丁字形的木槌和长形的棒分别敲打，就可演奏出美妙的乐曲。

▶ 前632年

己巳，晋师陈于莘北，胥臣以下军之佐当陈、蔡。子玉以若敖之六卒将中军，曰："今日必无晋矣！"子西将左，子上将右。胥臣蒙马以虎皮，先犯陈、蔡。陈、蔡奔，楚右师溃。

——《左传·僖公二十八年》

城濮之战

昔日座上客，把酒笑语迎，今日兵戎见，犹记昨日言。这是晋楚两国中原霸权的首次碰撞，外交手段、军事策略、心理战术一一登场，最终老练的晋文公一战成名，威霸中原。

背景
晋国崛起，意欲称霸；楚国企图北上称雄，图霸中原

时间
前632年

起因
楚国攻宋，宋国求援于晋

主要参战国
晋、楚

投入兵力
晋5.25万人，战车700乘；楚约4.2万人

主要指挥官
晋：先轸、狐毛、栾枝
楚：子玉、斗宜申、斗勃

胜负结果
晋：诱敌深入，胜
楚：骄傲轻敌，左、右军皆败

意义
晋文公借此役成为中原霸主

历史典故
退避三舍

周襄王十九年（前633年），楚国欲北上称霸中原，楚成王率楚、郑、陈、蔡、许等多国军队围攻宋国。情急之下，宋国向晋国求援。晋文公知晓楚国的图谋，便立即进行战前准备。

面对实力强大的楚联军，晋文公采用大夫狐偃之计，不与楚联军正面交锋，而是向依附楚国的曹、卫两国发起进攻，迫使楚军北上救援，以解宋国之危。但楚成王不为所动，反而加紧了对宋国商丘的进攻。晋文公一时陷入两难，南下救宋将面临强大的楚联军，如果置宋国于不顾将在诸侯面前威信扫地。

这时，晋军主帅先轸向晋文公建议，先让宋国将一部分土地割让给齐、秦，请这两个强国出面调停。同时，晋国将占领的曹、卫两国土地补偿给宋国。晋文公采纳了先轸的建议，但楚成王拒绝了齐、秦两国的劝说，齐、秦两国恼羞成怒，

晋国卿大夫狐偃

发兵伐楚,这就形成了晋、齐、秦三大强国联合对抗楚国的局面。

局势发生逆转,楚成王担心楚国本土被进攻,便率军回撤,同时命令大将子玉撤离商丘(今河南商丘),避免与三国联军对战。但商丘指日可下,刚愎自用的子玉便不顾楚成王命令,派使臣出使晋国,要求晋归还曹、卫两国土地,方可解商丘之围。

然而,此时强弱形势已经易位,晋文公掌握了战争主动权,决定诱使楚联军北上。于是他扣押楚国使臣,私下允诺曹、卫,使其归附晋国。子玉果然中计,愤然北上。晋文公又令晋军后撤90里,既是报答此前楚成王的礼遇,同时诱敌深入,向齐、秦两军靠拢。

子玉求胜心切,一意孤行追击晋军。周襄王二十年(前632年)四月,楚联军与晋军在城濮(今山东菏泽鄄城西南)附近展开对峙。两军列阵后,晋国上军率先向楚联军右军发起进攻。楚联军右军由实力较弱的陈、蔡联军组成,面对晋军攻势,很快溃不成军,露出了破绽。随后,晋上军用战车拖拽树枝奔驰,扬起沙土,使子玉误以为晋军正在逃跑。子玉上当,下令全军追击晋军,致使楚军右侧完全暴露在敌人面前。这时,实力雄厚的晋中军分两路夹击楚军,使楚军遭遇了毁灭性的打击。城濮之战以楚军的失败告终。子玉自知无颜面对楚成王,上吊自杀。

城濮一役,楚国北进锋芒受挫,被迫退回桐柏山、大别山以南地区。中原诸侯无不朝宗晋国。随后,晋文公打出"尊王攘夷"的大旗,在践土(今河南原阳)为周襄王建起一座行宫,向襄王献俘。周襄王册命晋文公为侯伯,标志着春秋时代的又一位霸主诞生了。

位于山西博物馆内的城濮之战模拟场景

前635年

越国以鄙远，君知其难也，焉用亡郑以陪邻？邻之厚，君之薄也。若舍郑以为东道主，行李之往来，共其乏困，君亦无所害。

——《左传·僖公三十年》

烛之武智退秦师

国家危难之时，以一己之力就力挽狂澜的，却是年过七十，已须发皆白的小小养马官，智勇双全的烛之武，伛偻的身影为历史所铭记，永镌青史。

时间
前635年

说客
烛之武

资历
郑国三朝老臣，一直为"圉正"（养马的长官）未迁

事由
秦、晋围郑，郑国危难

经过
烛之武趁夜单会秦穆公，分析存郑有益于秦而有损于晋的道理

结果
秦穆公同意撤兵，并与郑国订立了盟约，晋文公只好取消伐郑

晋文公称霸诸侯后，欲联合秦穆公攻打郑国。一方面因为郑国在晋文公流亡至郑国时没有以礼相待，另一方面晋文公愤怒于郑国与晋国订立盟约却又依附楚国。

周襄王十七年（前635年），晋文公派人将出兵时间告知秦穆公，晋军驻扎在函陵（今属河南新郑），秦军驻扎在氾南（今河南中牟县南）。

郑文公得知秦、晋出兵的消息，忙向大臣们询问对策。大夫叔詹对郑文公说："秦、晋两国一同出兵，正面交锋，我们肯定不是对手，佚之狐能言善辩，如果我们派他去游说秦国，使之退兵，只剩晋国就好对付了。"

郑文公立刻召见了佚之狐。佚之狐却说："臣难当此任，但臣认识一人，名叫烛之武，此人才能在臣之上。如果派他去游说秦国，一定能使秦国撤兵。"

郑文公召见烛之武时，才发现对方是个白发苍苍的老人，佝偻着腰，步履

春秋·铜编钟
此编钟饰绳纹、蟠虺纹及兽面纹，现藏于美国纽约大都会艺术博物馆。

春秋·玉璧

玉璧是一种中央有穿孔的扁平状圆形玉器,为中国传统的玉礼器之一。从春秋开始,玉璧被大量用来作佩饰和殓葬用玉,也有作为礼仪场合手执的信物。此玉璧现藏于美国纽约大都会艺术博物馆。

蹒跚,百官见了他都暗自发笑。

郑文公对烛之武说:"佚之狐举荐你去游说秦国,若能让秦国撤军,我将与你共享王位。"

烛之武回答:"臣才学疏浅,年轻时都不能得到重用,现在老了,什么都做不成了。"郑文公又说:"我早先没有重用你,那是我的过错。现在我封你为亚卿,代我去见秦君。"

夜里,烛之武顺着绳子下了城墙,来到秦军营帐。守卫不让烛之武见秦穆公,烛之武就在秦穆公的帐外大声哭泣。秦穆公听到哭声后命人将哭喊的人押进帐内。

"你为什么在帐外哭泣?"秦穆公问。

"我哭是因为郑国要灭亡了。"烛之武回答。

"既然是郑国灭亡,为什么要跑到我的帐外哭泣?"秦穆公又问。

烛之武说:"秦、晋两国围攻郑国,郑国灭亡自不必说。如果郑国灭亡对您有好处,我也不会来见您。可是,郑国灭亡无益于秦国,您为什么还要劳民伤财而被别人利用呢?"

秦穆公听了烛之武的话,心中犹豫起来,便继续追问。

烛之武说:"郑国与晋国为邻,和秦国却远隔千里,秦国能越过晋国占有郑国吗?郑国灭亡,土地肯定会被晋国占有,秦国又能得到什么呢?现在,秦国和晋国的实力不相上下,如果晋国强大起来,秦国的势力就相对削弱了。如果您放弃攻打郑国,郑国将与秦国订立盟约,两国使节往来,郑国随时可以供给你们需要的东西。"

见秦穆公点头称是,烛之武继续说:"昔日晋惠公许您五座城池却不兑现,晋文公继位以来,通过兼并其他国家变得强大起来。如果晋国这次吞并郑国,他日必定向西扩张,岂不是会威胁到秦国?秦国受损而晋国受益,请您一定要好好考虑啊!"

听了烛之武的话,秦穆公非常赞同,就与郑国签订了盟约。

第二天,秦穆公留下2000人马驻守郑国,随后便撤军回国了。见秦军撤退,晋文公也只好下令撤退,郑国之危得解。

不过,秦军的不告而别,为日后秦晋交恶埋下了隐患。

少年中国史

> 春秋早期

当是时，百里傒年已七十余。缪公释其囚，与语国事。谢曰："臣亡国之臣，何足问！"缪公曰："虞君不用子，故亡，非子罪也。"固问，语三日，缪公大说，授之国政，号曰五羖大夫。

——《史记·秦本纪》

"五羖大夫"百里傒

是金子总会发光的，时机和慧眼需要时间和考验的打磨。五张黑羊皮，一代名贤相。秦穆公用自己的胸怀和卓识，给了百里傒一国之舞台。"谋无不当，举必有功"，内修国政，外图霸业，秦国就此在历史的进程中熠熠生辉。

别称
五羖大夫

出身
贫民、虞国大夫、陪嫁奴隶

伯乐
秦穆公

主要成就
举贤荐士、相秦称霸

百里傒像
百里傒，生卒年不详，春秋时期虞国人（今山西平陆），早年颠沛流离的生活和坎坷的经历，使得他对于各国的民俗风情、地理形势、山川险阻知之甚详，为他后来给秦穆公筹划东进准备了必要条件。
他是秦穆公称霸西戎、战胜晋国的重要谋臣。

怀才不遇

百里傒是虞国人，出身贫寒，在宗法制度森严的虞国，尽管饱读诗书却毫无入仕为官的希望。百里傒的妻子是位很有见识的女子，他深知丈夫胸怀抱负却无法施展，就劝百里傒出游列国求仕。当时的百里傒已有一个儿子，名叫孟明视。他出游时，家中已十分拮据，但百里傒的妻子还是宰杀了唯一的一只下蛋母鸡，把门闩劈了烧火做饭，给丈夫饯行。

百里傒游历宋、齐等国求仕，但都无人赏识，最后陷入困境，一度靠沿街乞讨继续求仕。最后在齐国铚地，百里傒遇见了一个叫蹇叔的人，两人相谈甚欢，还结拜为兄弟。蹇叔让百里傒留宿在自己家中，这一住就是十几年。

后来，蹇叔听说自己的好友宫之奇在虞国当大夫，便向宫之奇推荐了百里傒。在宫之奇的帮助下，百里傒当上了虞国的中大夫。可时过境迁，回到虞国

的百里傒发现，妻儿早已逃荒到外地去了，不由唏嘘不已。

羊皮换贤

晋国想要借道虞国攻打其邻国虢国，就给虞国送了许多宝玉和宝马等财物。虞国国君爱财如命，不顾百里傒、宫之奇"唇亡齿寒"的谏言，收下财物，答应借道给晋国。百里傒知国君昏庸无能，便闭口不再劝谏。他还劝说想要再次谏言的宫之奇："给糊涂的人出主意，就如同把珍珠丢在路上。"

果然，晋军灭掉虢国后，返回途中就灭掉了虞国，俘虏了虞国国君及大夫百里傒。晋献公听闻百里傒有治国才能，想重用他，被百里傒严词拒绝。当时，秦晋交好，晋献公将自己的女儿嫁给了秦穆公。晋献公见百里傒不愿在晋国为官，一气之下便把百里傒充作陪嫁奴仆送给了秦国。百里傒不甘受辱，便在中途逃跑了。他逃到楚国，却被当成奸细捉了

百里傒认妻拓片

百里傒做秦相后，一天府中有一浣衣女主动请求演奏一曲，百里傒欣然应允。那女佣操琴唱道："百里傒，五羊皮。忆别时，烹伏雌，炊扊扅，今日富贵忘我为。百里傒，初娶我时五羊皮。临当别时烹乳鸡，今适富贵忘我为……"幽怨的歌声让百里傒想起了自己30年前出门时的情景，后来惊讶地发现眼前这位女子正是离别多年的结发之妻。百里傒即刻上前相认，夫妻俩抱头痛哭。

起来，最后被发配去养牛了。

另一边，秦穆公听说逃跑的百里傒很有才学，就想重金赎回百里傒。这时，秦穆公的谋臣对他说："楚王一定不知百里傒的才能，才会将他流放。若用重金赎他，就等于告诉楚王百里傒是个极其有用的人才。"

于是，秦穆公派使臣去楚国，对楚王说："百里傒本是一名陪嫁奴仆，

过百里傒大夫家

行客抱忧端，况复思古人。
何年一丘土，不见石麒麟。
断碑略可读，大夫身霸秦。
虞公纳垂棘，将军西问津。
安知五羊皮，自鬻千金身。
末世工媒孽，浮言垢道真。
幸逢孟轲赏，不愧微子魂。

——宋·黄庭坚

却私自逃跑到楚国，我愿意按照市价五张黑羊皮换回他，严加惩处，以儆效尤。"

楚王根本没把百里傒放在眼中，随即便同意了秦国使臣，用百里傒换了五张黑羊皮。

百里傒来到秦国后，秦穆公很快召见了他，并亲自为他打开囚锁，向他请教国家大事。两人一谈就是三天，言无不合。秦穆公发现百里傒果然是位难得的人才，十分高兴，拉着百里傒的手说："今日我有百里傒，就如同齐桓公有了管仲！"随后，秦穆公将百里傒封为上大夫。

因百里傒是秦穆公用五张黑羊皮换来的，故世人称百里傒为"五羊大夫"。

相堂听琴

百里傒当了上大夫后，一时意气风发。一次，百里傒在相府内宴请宾客，十分热闹。百里傒还请来虞国的乐师，让乐师弹奏虞国乐曲。

这时，相府中一位打杂的老妇人自称会弹奏虞国乐曲。乐师见老妇人满脸皱纹，便把琴给了她。只见老妇人落落大方，手抚琴弦，琴声清亮悠扬，连乐师都感到惊奇。

百里傒听琴图
百里傒出游求仕多年，与家人几十年都没有联系。等他在秦国为相时，其妻寻他到府上为下人，趁一次款待客人之机要求为百里傒演奏一曲，边弹边唱自己的经历，百里傒听完后询问详情，最后夫妻双方在相堂之上相认，秦穆公知道后还派人送来了许多礼物以示祝贺。百里傒不忘旧情、相堂认妻的故事在民间也流传开来。

老妇人又说愿为百里傒弹唱一曲，百里傒欣然同意。于是，老妇人自弹自唱道："百里傒，五羊皮。忆别时，烹伏雌，炊扊扅，今日富贵忘我为……"百里傒听得一时愣住，忙上前询问，这才知道眼前的老妇人正是自己失散多年的妻子。两人百感交集，抱头痛哭。

妻子还告诉百里傒，自百里傒离家后，几十年杳无音信。家境贫寒，又赶上灾荒年景，妻子便带着儿子孟明视外出逃荒。他们流落至秦国时，听说百里傒已经当上了秦国上大夫，为了接近百里傒，才设法到百里傒府中做了用人。

相堂相认后，秦穆公派人送来许多财物，以示祝贺。从此，百里傒位高不忘旧情、相堂认亲的事情在街头巷尾流传开来，成为一段佳话。

辅穆公成霸业

百里傒辅佐秦穆公期间，勤勉于政事，恩泽于百姓。他劳作时不乘车马，酷暑炎热不撑伞盖，在都城里行走不带随从车辆，深得人民信赖。百里傒还提倡教化，开启民智；对外施德于诸侯，树立秦国威信，使秦国在短期内大治，为秦穆公称霸奠定了基础。

周襄王四年（前648年），晋国遭受严重的自然灾害，向秦国求援。秦穆公询问大臣们的意见，有人认为应借机

东周·玉舞人佩
玉舞人一般作为坠饰悬挂在项饰或佩饰之上，有孔，以片状居多。此玉舞人姿态曼妙，精巧可爱，充满着世俗的风情。

伐晋，百里傒却不同意。他对秦穆公说："福祸各有轮替，再说，秦国借粮给晋国，也不是给夷吾一人，而是为了晋国的黎民。"于是，秦穆公决定通过水道将大量粟米运到晋国。这次人道主义的义举使晋国百姓无不感恩秦国，史称"泛舟之役"。

在用人方面，百里傒推荐贤士，向秦穆公推荐蹇叔。蹇叔被拜为上大夫，和百里傒一起处理国事，为秦国的发展起到了重要的推动作用。

周襄王二十四年（前628年），晋文公去世，秦穆公企图插手中原，便不听百里傒和蹇叔的劝阻，派兵偷袭郑国。结果归国途中在崤山遭遇晋军埋伏，秦军全军覆没，三名秦将被俘。秦穆公追思百里傒先前谏言，不由得更加信任百里傒。此后，他听从百里傒的建议向西发展，攻伐戎夷小国，开辟疆土。

在百里傒的辅佐下，秦穆公最终成为春秋五霸之一。

前628年

冬，晋文公卒。穆公召孟明、西乞、白乙，使出师于东门之外。夏，四月，辛巳，败秦师于殽，获百里孟明视、西乞术、白乙丙以归，遂墨以葬文公。

——《左传·僖公三十二年、三十三年》

殽山大战

偷袭郑国未果，反遭晋国埋伏，这场偷鸡不成反蚀把米的惨败，犹如兜头的一盆冰水，暂冻了秦穆公试图东扩的野心。在破碎家庭的痛哭声中，秦穆公痛定思痛，直到三年后一雪前耻。

时间
前628年

地点
殽山（今河南省西部）

交战双方
晋军、秦军

双方指挥官
晋：先轸
秦：孟明视、西乞术、白乙丙

结果
晋国大胜，秦军全军覆没，孟明视、西乞术、白乙丙三位将军亦遭晋军俘虏

周襄王二十四年（前628年），郑文公、晋文公先后去世。这时，掌管着郑国都城城防的秦人杞子向秦穆公建议派兵偷袭郑国，由他作为内应，一定可以灭掉郑国。此时的秦穆公正处心积虑地想要向东扩张，杞子的这个建议正中他的下怀，便欣然应允。

秦国大夫蹇叔得知这一消息后，强烈反对，他认为经过长途跋涉的秦军精疲力竭、士气低下，断然不可能偷袭成功，然而秦穆公早已被拿下郑国的诱惑冲昏了头脑，执意出兵，并且命蹇叔的儿子西乞术、白乙丙以及百里奚的儿子孟明视三人作为领军将领。

出征前，蹇叔和百里奚流着眼泪对自己的儿子说："我们

先轸像
先轸（?—前627年），因采邑在原又称原轸，晋国大夫。在骊姬之乱时，先轸同重耳逃走，在外流亡19年。初为下军佐，中军将郤縠去世，先轸被提拔为中军将，率领晋军打赢城濮之战。在殽山之战中打败秦国，生俘秦国将军孟明视、西乞术、白乙丙。后战死于狄人进攻晋国之时。

只能目送你们离开，却无法看到你们归来了。"悲痛的蹇叔知道再说什么也无济于事，只能对他们三人说："你们长途奔袭郑国，获胜的希望极其渺茫，归来途中定会遭遇晋国在殽山设好的埋伏，殽山一南一北有两座险峻的峡谷，分别是夏代国君的坟墓以及周文王的避难之处，我们会去那里替你们收尸的。"然而，年少轻狂的孟明视三人并未将这番话放在心上。

经过多日昼夜行军，秦军来到了滑国。这时，在滑国经商的郑国商人弦高无意中获悉秦军偷袭郑国的计划，急中生智，假扮郑国使节骗过了孟明视三人，同时派人将这一消息通知了郑国国君。孟明视以为郑国早已有了防备，无奈之下只能班师回国。立功未果的三人一气之下灭掉了倒霉的滑国。

这时，晋文公刚刚去世，晋国正处于国丧期间。而秦军东进时必须要借道晋国，然而孟明视等人事先并未知会晋国就打算从晋国路过。国丧期间，受此奇耻大辱，晋国人心中愤恨难平，发誓一定要让秦军有来无回。于是，刚刚即位的晋襄公命大将先轸于殽山山谷埋下伏兵，同时身着丧服亲自挂帅，要打秦军一个措手不及。

毫不知情的秦军就这样一步步踏进晋国的埋伏圈。进入殽山后，狭窄的道路被乱木阻挡，四下一片寂静，处处都透着一种诡异的气氛。孟明视等人忽然想起临行前蹇叔的话，正当他们准备搬开乱木继续前行时，峡谷两旁冲出了不计其数的晋国士兵。毫无防备的秦军根本无法组织起有效的抵抗，加之前后道路均被晋军占领，秦军死伤无数，孟明视三人全被活捉。

晋军全胜而归。秦穆公的女儿文嬴是晋襄公的母亲，她得知这一消息后便极力劝说晋襄公将这三人送还秦国，以免伤了秦晋两国间的和气。晋襄公觉得母亲言之有理，便放了俘获的三人。大将先轸得知后，气急败坏地跑来连说，这样无异于放虎归山，晋襄公追悔莫及，连忙派大将阳处父去追赶。

待阳处父追至黄河边，孟明视三人早已乘船到了河中央。阳处父急中生智，下马后向孟明视三人喊话，说晋襄公特意为他们准备了良马，还请笑纳。好不容易才逃出来的三人自然不傻，孟明视行了一礼，高声回话请阳处父转告晋襄公，三年后他们定会回报今日的"恩惠"。

而远在秦国的穆公身着丧服，亲自来到城外将死里逃生的三人迎了回去。自责不已的秦穆公命孟明视等人励精图治、操练军队，以期来日一雪前耻。

果不其然，三年后，孟明视率军以锐不可当之势横扫了晋国。三年前的贪功冒进，导致秦军几乎全军覆没，这便是骄兵必败的道理。而占据优势的晋襄公不仅没有乘胜追击，反而优柔寡断，选择了放虎归山，直接导致了日后的惨败。

> 前623年

三十七年，秦用由余谋伐戎王，益国十二，开地千里，遂霸西戎。

——《史记·秦本纪》

秦霸西戎

不限国界广纳贤士，不计前嫌包容失误，秦穆公在治国和用人上展示了一代霸主应有的胸怀。东进受挫后，转而西攻，另辟蹊径成功称霸西戎，竟致王室来贺。

原因
争霸中原的东进之路为晋所挡

策略转变
由东进改西攻

结果
辟地千里，国界南至秦岭，西达狄道（今甘肃临洮），北至朐衍戎（今宁夏盐池），东到黄河

王室认可
周襄王派召公带金鼓送给秦穆公，以示祝贺

意义
秦穆公称霸西戎，将秦国由边远小国变为诸侯强国，为日后秦统一六国奠定基石

晋襄公像
晋襄公（？—前621年），姬姓，名䭵，温文尔雅，善纳谏言。继位后于崤之战和彭衙之战中大败秦国，又在泜水之战中击败强楚，继其父为中原霸主，垂拱而治，将晋国霸权再次推向高峰。

　　崤山战败，孟明视等人侥幸逃回秦国，本以为等待他们的将是严惩，岂料秦穆公主动承担起战败的罪责，不仅没有惩罚几位败将，反而都给他们官复原职，让他们继续执掌兵权。孟明视等人感恩戴德，发誓不报此仇，誓不为人。此后，孟明视率军苦心训练，以期早日报仇雪恨。

　　一年后，孟明视认为报仇时机已到，便请求秦穆公出兵攻晋。穆公应允，仍命孟明视、白乙丙、西乞术率军出战。由于晋国处于备战状态，秦国大军刚一出兵，晋襄公便决定主动出击。两军于彭衙（今陕西白水北）相遇，晋国将领狼曋一马当先，率部冲散了秦军队形，随后赶到的晋国大军将毫无防备的秦军打了个措手不及。秦军丢盔弃甲，溃不成军，再次败退回国。

　　孟明视没有想到自己居然再次败给了晋军，他自知无颜面对秦人，便负荆请罪，请求穆公严惩。谁

知穆公不仅没有怪罪他,反而再次将兵权授予孟明视。

又一年过去了,孟明视再次请求出战,他请求穆公率军亲征。秦穆公不假思索,当即应允。待大军渡过黄河,孟明视下令烧掉所有的渡河船只,以示其破釜沉舟的决心。由于秦穆公率军亲征,秦军士气大增,一路势如破竹,晋军被打得节节败退,很快秦军便攻下了晋国的郊和王官(今山西闻喜西)两地,晋国一时间人心惶惶。

大臣们纷纷上书晋襄公,认为此次秦军来势汹汹,不如暂避锋芒。无奈之下,晋襄公只好采纳众人意见,下令晋军退守城内,没有命令不得出城迎敌。晋襄公的这一举动,无疑是向秦人低头认输。秦穆公便拨转马头,下令部队开往崤山,收殓掩埋当年阵亡的秦军尸骨。身着丧服的秦穆公望着遍野尸骨,心中大恸,下令三军于崤山哭祭三天。

之后,秦军凯旋归国。此举大大震慑了秦国西边的西戎各部,其中势力较大的绵诸王便派由余出使秦国。秦穆公得知由余是一位贤才,便一面盛情款待,一面则暗中拖延其归期,并给绵诸王送去女乐,使其沉迷于声色犬马,荒废政事。待由余延期回去之后,绵诸王心生疑窦,处处猜忌,秦人又适时规

吹箫引凤图
明仇英绘,取自汉代刘向的《列仙传》,述说春秋时秦穆公之女弄玉善吹箫,与亦精吹箫的仙人萧史结为夫妇。秦穆公为其筑凤台,两人吹箫引来凤凰,后双双乘龙凤升天而去。此图即描绘弄玉在凤台吹箫,引来凤凰的情景。

劝,由余只好弃了西戎,归降秦国。归秦之后,由余献上西戎各部的山川地形图,并建议穆公突袭西戎。穆公斟酌之后,决定攻其不备,出兵西戎。秦军出征西戎后活捉了绵诸王,又乘胜前进,先后有二十多个戎狄小国归服了秦国。秦国辟地千里,国界南至秦岭,西达狄道(今甘肃临洮),北至朐衍戎(今宁夏盐池),东到黄河。周襄王听到消息后,特派召公送来金鼓,并任命他为西方诸侯之伯。

前606年

天祚明德，有所厎止。成王定鼎于郏鄏，卜世三十，卜年七百，天所命也。周德虽衰，天命未改。鼎之轻重，未可问也。

——《左传·宣公三年》

问鼎中原

乱世之中，实力说话。崛起后的楚国，对于中原政权的觊觎，通过问鼎之大小昭然若揭。机智如王孙满，虽能言善辩地驳回了楚庄王，但周王室的衰落却无力回天了。

时间
前606年

觊觎者
楚庄王

觊觎目标
称霸中原

借问对象
王权象征九鼎

结果
自知不能服众，班师回楚

历史典故
一鸣惊人、问鼎中原

自楚武王在周天子之外诸侯称王开始，楚国就一直觊觎中原，但先后被齐桓公和晋文公两位霸主遏制，未能如愿。到楚庄王时，晋文公和秦穆公都已去世，齐国也没什么作为。楚庄王年少继位，奋起图治后，诛杀小人，任用贤臣伍举、孙叔敖，整顿内政，厉行法制，百姓安居乐业，兵力日益强盛，楚国国富民强。于是，楚庄王欲北上争夺霸主。

称霸之后的楚庄王十分得意，周定王元年（前606年），楚庄王率领楚军进攻陆浑（今河南嵩县北）之戎，顺势将大军开至洛水之边，在周都洛邑陈兵示威。刚刚继位的周定王大吃一惊，就派大夫王孙满前去慰劳。

王孙满劳军后，楚庄王突然问他："听说大禹铸有九鼎，现在放在洛邑，

楚庄王三年不闻朝政
周顷王六年（前613年），楚庄王即位，之后三年内号令不出，日夜作乐，沉湎酒色，并下令"有敢谏者死无赦！"当时有大臣伍举冒死进谏，后大夫苏从又冒死再次进谏，庄王终于听从劝告，奋起图治，诛杀小人，任用伍举、苏从以政，使得楚国国力日益强盛。

我想问问这鼎有多重？有多大？"九鼎是王权的象征，楚庄王问鼎的大小轻重，其目的不言而喻。

王孙满知道楚庄王用心，就对庄王说："统治天下在乎德，而不在鼎。"楚庄王不服气，道："你不要依仗有九鼎，楚国人折断戈戟的刃尖，就足够做九鼎了。"

王孙满正色道："大王不要忘记，夏禹因为有德，得天下诸侯拥戴，各地贡献铜材，启才得以铸成九鼎以象万物。后来，夏桀昏庸，九鼎转移给了商，商纣暴虐，九鼎又转移给周。若天子有德，鼎虽小却难以转移，若天子无德，鼎虽大却可轻易而动。周王室虽然衰微，但天命未改，国运还未完，宝鼎的轻重您还不能过问。"

楚庄王无语，心知自己还没有号令天下诸侯的能力，便班师回朝了。从此以后，人们就用"问鼎"来形容企图夺取政权的野心。

周定王九年（前598年），陈国内乱，楚庄王趁机发兵陈国。第二年，楚庄王又攻打了郑国。陈、郑是依附于晋国的小国，楚庄王的做法自然引起晋国不满。晋景公命赵盾率军相救。晋军在北林与楚军相遇，楚军活捉了晋国大夫解扬，晋国被迫退兵。

第二年春天，楚国指使郑国攻打

位于湖北武汉东湖景区的庄王出征雕像

宋国，宋军大败。晋国便联合宋、卫、陈三国攻打郑国。楚庄王闻讯后，下令军队到郑国都城下等待晋国联军，赵盾率领的四国联军竟没敢挫其锋，便退了回去。在楚国与晋国的两次交战中，楚国都占了上风，由此掌握了晋国虚实，大胆北上。

此后，楚庄王又先后使鲁、宋、陈等国归顺，成为继齐桓公、晋文公之后的又一位中原霸主。

春秋五霸（《史记》版）

霸主	策略	任用名臣
齐桓公	尊王攘夷	管仲、鲍叔牙
宋襄公	春秋大义	目夷、公孙固
晋文公	制霸中原	狐偃、赵衰
秦穆公	独霸西戎	百里奚、由余
楚庄王	问鼎中原	孙叔敖、伍举

少年中国史

> 前632年—前605年

九年,相若敖氏。人或谗之王,恐诛,反攻王,王击灭若敖氏之族。

——《史记·楚世家》

若敖氏之乱

君弱臣强,乱象必生。一场横跨楚国三代君王的若敖氏之乱,终了结在雄才大略的楚庄王手中。权力游戏带来的不仅仅是荣耀,荣耀过后的家族清洗,难免牵连过多。

时间
前632年—前605年

历经楚君
楚武王、楚成王、楚庄王

强势臣子
楚国皇族若敖氏家族

代表性事件
斗克之乱、斗越椒政变

结果
若敖氏被灭族,只保留了令尹子文一支

若敖氏是楚国皇族的一个分支,家族历史可以追溯到西周末期、春秋初期楚国国君熊仪。熊仪继位后便称"若敖",他的幼子斗伯比便以若敖为氏,又因封斗邑,亦称斗氏。楚武王时,斗伯比助武王称王立有功绩,若敖氏便从此发展起来。从楚武王到楚庄王五代君王中,有史可查的11位令尹相国,有8位属于若敖氏家族。

若敖氏家族发展越来越大,其权力甚至威胁到了君王,因而楚王室与若敖氏之间的矛盾也开始显现。

楚庄王年少继位,但当时的楚国内部正处在一种不安定的环境中,楚穆王在位时的斗克之乱余息未平。当时,出自若敖氏家族的公子燮与令尹成大心的弟弟成嘉争夺令尹之职,成大心去世后,楚穆王任命其弟成嘉继任令尹,这一

王子午铜鼎(附匕)
该器为楚国令尹王子午的七件列鼎之一。鼎侈口,鼓腹束腰,下承三蹄形足,口沿饰一对长方形耳,攀附六条龙形兽,腹部满浮雕的攀龙和窃曲、弦纹。王子午是楚庄王之子、楚共王的兄弟,曾任楚国令伊(宰相)之职,此鼎是研究楚文化的标准器。

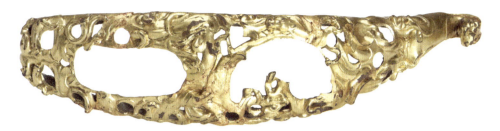

东周·鎏金铜带钩
带钩古时又称"犀比",是古代贵族和文人武士所系腰带的挂钩,主要用来钩系束腰的革带,常见青铜铸造,也有用黄金、白银、铁、玉等制成。此带钩通体鎏金,镂空工艺,制作精细,显示了主人尊贵的身份。

做法引起了屈从若敖氏家族的属国舒国及其附庸宗、巢等国的不满,它们纷纷背叛。成嘉和太师潘崇率兵讨伐舒国,命公子燮和斗克守卫郢都。公子燮当年争夺令尹之位不成,一直怀恨在心,便趁机联合斗克发动了叛乱。

但这次叛乱很快被闻讯返回郢都的成嘉和潘崇所平。公子燮和斗克情急之下挟持庄王,欲外逃另立政府。途经庐地时,两人被诱杀,楚庄王才得以获救,重返郢都。当时的楚庄王虽然年幼,但因此萌发了彻底铲除若敖氏的想法。

除了楚王与若敖氏的矛盾外,若敖氏家族内部的矛盾也越来越深。周定王二年(前605年),楚王室与若敖氏家族之间的矛盾终于以内乱的形式爆发。司马斗越椒联合蒍氏诬陷自己的堂兄弟令尹子扬,将其杀害,自己接任令尹一职,执掌楚国朝政。

但蒍氏与斗越椒之间原本也有矛盾,没过多久,斗越椒便带领若敖氏族人攻杀了蒍贾,之后进一步驻军烝野,向楚庄王发出挑战。当时若敖氏权大势大,

楚国大部分兵力都被他们掌控。庄王无力抗衡,只得以楚国三代君王的后代为人质讲和,却遭到了斗越椒的拒绝。

无奈之下,楚庄王整合全部力量,在皋浒与若敖氏进行决战。斗越椒自幼在军中长大,英勇善战,他向楚庄王连射两箭,险些射杀庄王。庄王身边将士都吓坏了,连忙向后退却。楚庄王却临危不乱,鼓励将士,并下令击鼓反攻,最终射死了斗越椒。若敖氏叛军失去领袖后,军阵大乱。楚庄王趁势反扑,掩杀了若敖氏。

楚庄王平定了子越之乱后,灭了若敖氏全族,只保留了令尹子文一支。皇权的一统为楚国接下来与晋国争夺中原霸权提供了保障。

东周·碧玉韘
韘(shè),俗称扳指,是套在拇指中用以张弓拉弦的工具。初见于商代,流行于东周。此韘由碧玉制作而成,质地温润油亮,打磨精细,当为贵族之物。现藏于美国弗利尔博物馆。

前597年

夏六月,晋师救郑。荀林父将中军,先縠佐之。士会将上军,郤克佐之。赵朔将下军,栾书佐之。……及河,闻郑既及楚平,桓子欲还,曰:"无及于郑而剿民,焉用之?楚归而动,不后。"

——《左传·宣公十二年》

邲之战

面对不利形势,晋军主帅荀林父优柔寡断,既无力驾驭跋扈的副将,又对战和拿不定主意,必定惨败。反观楚军主帅,果敢决断,战则力争主动,排兵布阵,施计诱敌,最终大获全胜。

时间
前597年

地点
邲(今河南荥阳北)

交战双方
晋国、楚国

双方指挥官
晋:中军将荀林父、上军将士会、下军将赵朔、司马韩厥、先縠、荀首、赵括、赵同
楚:楚庄王、令尹孙叔敖、中军帅沈尹、左军帅子重、右军帅子反、公子谷臣、连尹襄老、潘党

结果
楚国大胜,成就霸业

难驭副将

城濮之战后,楚晋两国此消彼长,中原诸侯对晋国皆望风景从。然而秦晋两国因崤山之战盟约破裂、关系恶化,秦国转而联合楚国以抗强晋,楚国因此解除了入主中原的后顾之忧,加之楚庄王即位后,君臣一心,整治政事,发展军备,国力日益增强。楚庄王问鼎中原的愿望变得越来越强烈,由此楚晋之间的斗争愈演愈烈,而地处中原要塞的郑国便成为两大强国争夺的焦点。从周匡王五年(前608年)到周定王九年(前598年)的十一年间,晋国四次伐郑,楚国七次伐郑,而郑国则谁强服谁,这种言而无信、随风倒的态度为日后楚晋邲之战埋下了导火索。

春秋·禽兽纹漆俎
木胎,斫制。俎面呈长方形,四边起棱,两端上翘,俎面下两端有四个印孔,以榫卯安接四个曲尺形足。底为黑漆,其上以红漆描绘12组24只瑞兽和8只珍禽,这些动物的形象清晰,姿态各异,非常罕见。漆器工艺从商周时期开始出现,到春秋战国以后日益繁荣。春秋时期的漆器开始使用金属附件,并有镶嵌金贝和压花金箔。

周定王十年（前597年），楚庄王亲率大军讨伐郑国，于六月破城，郑再次归降于楚。晋国命荀林父为三军统帅，领上、中、下三路大军前去解郑国之危。

当晋军行至黄河边时，前方传来郑楚已经结盟的消息，原本就不想同楚国开战的荀林父认为此时救郑已经于事无补，不如待楚国南归后，再另行出兵，眼下不如引军而还。上军将士会与郤克赞成他的看法，他们认为楚国此次出兵，并非不义之师，作为晋军，无衅可寻，况且楚军平日训练有素，加之刚征服郑国，士气高涨，此时与之争锋，很不明智。

而中军佐先縠极力主战，他认为面对强敌不战而退，有辱晋国颜面。他说："军队勇武、臣下尽力乃晋国霸业基石，如今失郑乃不力，避楚乃不武，

樊姬感庄，不食鲜禽

出自东晋顾恺之的《女史箴图》。楚庄王的王后樊姬，为了反对楚庄王的奢华生活，使其能专注国事，不玩物丧志，连续三年不吃楚庄王狩猎得到的鲜肉，最终感化了楚庄王，自此不再惦记打猎之事，把更多的时间和精力用在国家政事上。

这样一来，会动摇晋国霸业。"在这种好战心理的驱使下，先縠违抗主帅军令，擅自率军强行渡河。荀林父无奈，只好率领全军尽渡黄河，向南行进至邲地（今河南荥阳北）。

楚国建立及争霸简况

时间	事件简况
殷商后期	楚国人逐渐从河南新郑南迁至淅川一带（古丹阳），在商与周的冲突中保持中立
周康王时	熊绎接受周天子封号，此后每年进贡桃木弓和枣木弓
周昭王时	为抑制楚国发展，周王室南征荆楚，结果"丧六师于汉"
周夷王时	熊渠开始与周王室分庭抗礼
周厉王时	熊渠畏周伐楚，亦去其王号
周宣王时	为遏制楚国北进对西周造成威胁，周宣王在江汉大封诸姬，但最终江汉诸姬尽被楚吞，熊通因爵位被拒，自称为王，成为江汉流域霸主
周定王时	楚成王先后吞并了四五十个诸侯方国，确立了"春秋五霸"的历史地位

楚王使计

楚国很快便得知晋军渡河的消息,楚庄王起初想退兵,令尹孙叔敖也没有必胜把握,主张撤兵。但重臣伍参则认为作为三军统帅的荀林父刚刚上任且难以集权,副手先縠刚愎自用,击之必破,况且楚庄王作为一国之君率军出征,面对他国之臣率领的军队,选择避而不战,实乃社稷之辱。听完这话,楚庄王下定决心,当下便命令楚军北上,与晋军决战。

晋军尽管已悉数渡过黄河,但内部仍然分为战、和两派。楚庄王先命郑国遣使去晋军劝战,还准备了一套"楚国此时胜仗骄傲,没有防备,且在外征战数月,军队疲劳,此刻晋军出击,定能大获全胜"的说辞。

当郑国使臣皇戌进入晋营,摆出了这套说辞后,其意图很快便被晋军下军佐栾书识破,他力劝荀林父万万不可与楚开战,先縠和中军大夫赵括极力主战,两派意见针锋相对,荀林父一时之间不知该如何是好。

楚庄王深知单凭郑国使者无法挑动晋军开战,便又派出王后樊姬前来和谈,以探晋军虚实,并一再强调楚国此次出兵,只为伐郑,并非有意与晋国为敌,开战之说更是别有用心者的妄言。

接洽楚国使臣的是晋军上军将士会,他遵循礼仪接待樊姬,而先縠则嫌士会的态度太过谄媚,便鲁莽地向樊姬挑衅。樊姬回去复命后,楚庄王再次派出使者前来"求成于晋",并与之约定了盟期。

大破晋军

经过连番刺探,楚庄王终于确定了晋军将帅不和、内部分裂的实情,便暗中派人埋伏在会盟地点。到了约定的

春秋·铜镞

1936年河南省新乡辉县琉璃阁甲墓出土,现藏于河南博物院。镞,俗称箭头、箭镞,是箭的组成部分之一。铜镞身正中突起的部分为脊,左右两边为翼,翼外缘为刃,两刃向前聚成前锋,翼最下端为后锋,后锋与中脊相连接处称为本,本与后锋之间的部分为倒刺,其内侧部分称为翼底,中脊最下端与铤相交处称为关,关下部分为铤。随着人们对杀伤力、穿透力的不断追求,箭镞的形状也不断演变,从无翼平身到双翼多锋,而春秋战国,因为战争的需要,是双翼有铤镞穿透力的历史最高峰。

春秋·栾书缶

容器，用来盛酒或水。直口平沿，长颈广肩，鼓腹平底。盖上有四环形钮，腹部有对称四环形耳，器表漆黑光亮，颈和肩部有错金铭文5行40字，内容记载晋大夫栾书伐郑、败楚的功绩。器盖内另有铭文2行8字，是传世最早的错金铭文铜器。此缶造型古朴，现藏于中国国家博物馆。也有一说为战国时器物。

日期，楚军之中冲出几人乘车直奔晋营，杀人而退，以期激怒晋军，从而开战。优柔寡断的荀林父仍不想与楚军争锋，同时又被之前楚国遣使和谈的假象所迷惑，便派出魏錡、赵穿二将前去和谈。岂料这二人因昔日所求职位未被应允，便心生怨恨，进了楚营，开口便要挑战。

得知这个消息后，晋营士会与郤克知道此次与楚开战在所难免，当即便派人于敖山下设伏，以备不时之需，同时还向荀林父建议全军尽快做好迎战准备。荀林父仍然没拿定主意，仅派出屯守之车去接魏錡、赵穿二人。当楚军发现晋军方向尘土大作，以为晋军挥师来攻，当即令左中右三军直奔晋营。

天真的荀林父还在营中等着楚使前来和谈，不料迎来的竟是楚国大军，慌乱之下，便下令全军后撤，还传令先渡过黄河的人有赏。除了于敖山设伏的上军外，晋军中军、下军队不成形四下逃窜。晋军失去了统一指挥，在楚军围攻下，丢盔弃甲，死伤无数。只有晋军下军大夫荀首射杀了楚军先锋楚庄王的儿子，又俘获了楚穆王子谷臣，才借此掩护中军、下军渡河，免除了全军被歼的厄运。而晋军上军虽然设伏与楚军交锋，不过终因兵力悬殊，不敢恋战，由主将殿后，从容后撤，万幸损失较小。

楚军乘胜追击，直至邲地后，停止进攻。楚庄王率军行至衡雍（今河南原阳西），修筑先君宫庙，祭祀河神，并举行了祝捷大会，之后凯旋。

晋国军制

周朝的军制是天子六军，诸侯大国三军，次等诸侯国二军，小国则只有一军。曲沃庄伯时期拥有一军，曲沃代晋之后的献公时期，开始作二军，并以太子申生将下军，自己将上军。文公在位之后，于被庐作上、中、下三军，此为三军制之始。三军的长官是由执政担任，每一军都有一将一佐。其中以中军将为最高军事长官，同时也是执政正卿。在文公以前，军队的最高统帅是国君，为国君驾车的人立于战车之左，称之为"御戎"；国君本人居中，主要指挥军队；在国君右边，还会有一名"戎右"，执长兵器打击敌方战车。从城濮之战后，国君一般不会亲自出战，而是由正卿代之。

> 前589年

齐侯曰:"余姑翦灭此而朝食!"不介马而驰之……齐师败绩。逐之,三周华不注。

——《左传·成公二年》

鞍之战

外交无小事,轻薄的儿戏,引发了一场三国联军对阵齐营的著名战役。年轻气盛的齐顷公骄傲轻敌,"马不被甲,人不早餐"就上阵出击,结果被晋军打得连连败退,绕山跑了三圈,最终由大臣做了替身才侥幸逃脱。

时间
前589年

地点
鞍(今山东济南西北)

背景
齐国攻打鲁、卫两国,鲁、卫向晋国求援

直接起因
齐顷公嘲笑了晋、卫、鲁三国使臣引起战争祸端

参战双方
晋国、齐国

双方指挥官
晋国:郤克、解张、郑丘缓、韩厥
齐国:齐顷公、逄丑父、邴夏

结果
晋国大胜,齐顷公逃脱后派国佐到晋国议和

四国联手,同仇敌忾

周定王十八年(前589年),齐国南下攻打鲁国,鲁国经不住齐国的强势,便向卫国求援。鲁、卫两国联手依然抵挡不了,就一起求助晋国。当时晋国正担忧齐楚两国联盟,与其等到那时,不如现在就答应鲁、卫两国的请求出兵援助,反击齐国。

鲁、卫之所以向晋求救,一方面因为鲁、卫两国都是晋国附庸国;另一方面则是晋国执政的卿士郤克与卫、鲁三国使臣都曾遭到齐国国君齐顷公的戏弄羞辱,郤克誓报此仇。当时,郤克同鲁国季孙父相约去齐国示好,行至半路,正好碰上了卫国的外交使臣孙良夫,三人就一起结伴同往。巧的是,这三位外交使臣驼背的驼背、瘸腿的瘸腿,还有一个瞎了一只眼,一行人到了齐国后,被齐顷公以及大臣、宫女们好一顿大笑,三人恼

郤克像
郤克(?—前587年),姬姓,春秋中期晋国正卿。史载他对敌虽苛刻,对内则缓,其博闻多能、惠而内德、智能翼君,有赵衰、范会之风。

韩厥像

韩厥，生卒年不详，姬姓，韩氏，春秋中期晋国卿大夫。韩厥始为晋国赵氏家臣，后位列八卿之一，晋悼公时升任晋国执政，战国时期韩国的先祖。一生历五朝君王，公忠体国，英勇善战，铁面无私。赵盾死后，晋景公与诸卿出兵攻打赵氏，大宗族人被屠杀，韩厥强谏晋景公，力保赵氏孤儿赵武，晋景公为其所动，将赵氏封邑归还赵武，韩厥对年幼的赵武关怀备至，呵护有加。

羞成怒，立下誓约，此仇不报非君子。一场本应该觥筹交错、其乐融融的盛宴，就在这种气急败坏的氛围中不欢而散，也为日后埋下了战争的隐患。

舍身忘己，险中取胜

六月十七日，齐晋两军在鞍地（今山东济南西北）已摆好作战阵势。晋国的郤克作总指挥，他坐在战车中间，击鼓出战，左边是解张负责驾车，右边是护卫郑丘缓。而齐顷公率军连夜赶至鞍地，鞍

齐国档案

类别	内容
性质	周朝诸侯国
国君之姓	姜姓（姜齐）→ 妫姓（田齐）
国君之氏	吕氏或齐氏（姜齐）→田氏（田齐）
爵位	侯爵，前334年称王
国都	临淄（今山东淄博市临淄区）
始封此国者	周武王
创始时间	前11世纪
始祖	姜齐太公吕尚、田齐太公田和
灭亡时间	前221年
亡国之君	齐王田建
灭亡原因	为秦国所灭
史书记载	《史记·齐太公世家》《史记·田敬仲完世家》

马劳顿,未作任何休整就准备迎战,他甚至狂妄地对部下说:"等我们先去打败了晋军再回来吃早饭吧!"于是齐军"马不被甲,人不早餐"就与晋军开战了。

交战伊始,齐顷公站在战车中间,他的臣属邴夏在左为他驾车,而逢丑父在车右做护卫。齐军确实骁勇善战,初一交锋,便占了上风。而郤克在指挥晋军冲杀时,不幸被箭射中,身受重伤,血一直流到鞋子上,仍咬牙坚持击鼓行军,解张在旁边给郤克鼓劲说:"我第一次被箭射到了手,第二次又被射到了手肘,车驾的整个左轮都染满了我的血,但是我不敢说受重伤了,您再忍耐一点吧。"

解张又说:"全军的人都听着我们的鼓声应战,看着我们的旗帜杀敌,全凭我们这辆车鼓舞士气,只要还有一人镇守,就一定会打败齐军,怎么能因为受伤就停止击鼓前行坏了国君的大事呢?"说着,解张就把右手的缰绳放在左手,腾出右手拿过郤克手里的鼓槌继续击鼓。晋军士气大振,全军发起冲锋,而齐军因过于轻敌,很快败退。晋军穷追不舍,直逼得齐军绕着华不注山(又名华山)跑了三圈。

穷追不舍,不忘礼节

韩厥是晋军将领,在齐军作战的前晚,他做了一个梦,梦见自己已故的父亲说:"作战的时候不要在战车的两侧。"于是在齐军战败后,他奉命追赶齐顷公等人,就站在战车当中。

邴夏和逢丑父保护着齐顷公逃跑,邴夏看了看后面,命令道:"射那个中间驾车的,一看就是个君子。"齐顷公阻止道:"既然认出他是个君子,就不应该射他。"于是,邴夏就让人射

倒了韩厥左右两侧的人。

这时,晋军将领綦毋张在混战中失去了战车,向韩厥求救,韩厥就将他紧护在自己身后,又弯腰把倒在战车里的左右卫兵安顿好,继续追赶齐顷公。而这个时候,齐顷公的战车里已经发生了变化,逢丑父为防齐顷公被俘,已经悄悄和齐顷公换了衣服和位置。韩厥率军一路追到华泉(泉水名,在华不注山下)时,齐顷公的战车因为跑得急,马被树枝绊倒,他们被韩厥追上。韩厥走下战车,遵循两国礼仪,对着假扮齐顷公的逢丑父拜了两拜,行了臣仆大礼之后,毕恭毕敬地说:"我们国君派我们来为鲁、卫两国求情,我不幸正在军中任职,又迫不得已对您穷追不舍,为免给两国国君带来羞辱,我就对不住了,还请您跟我回晋国吧。"

这时,逢丑父借口要喝水,让真正的齐顷公去华泉为自己取水喝,齐顷公这才乘机逃走,而逢丑父就顶着齐侯的名做了战俘。韩厥将逢丑父交给郤克,郤克得知逢丑父的真实身份,他的手下要杀死他,郤克阻止道:"谁能够明知会被杀死还能代替自己的国君以身犯险呢?这么有勇有谋的人以后还会有吗?我杀这样忠勇的人是不吉利的,我要赦免他,让他作为侍奉君主的人的榜样。"因此,郤克放了逢丑父。

战后双方议和,齐国归还了原来侵占鲁国的土地,并同晋国议和。而这一场战争,亦吹响了晋国复兴的号角。

鹊华秋色图
元赵孟頫绘,右边尖顶山峦者即为华不(fū)注山。华不注山呈圆锥状,岩石为青灰色,坐落在距离济南中心大约7千米的平原上,拔地而起,与其他丘陵不相连。山下有泉,名曰华泉。华不注是"花骨朵"的谐音,因其形状如未开放的莲花而得名。齐顷公与晋军战于济南时,先是被晋军追得绕着华不注山跑了三圈,后被舍身救主的逢丑父支去华泉取水,才得以逃脱。

前579年

宋华元克合晋、楚之成。夏五月，晋士燮会楚公子罢、许偃。癸亥，盟于宋西门之外。

——《左传·成公十二年》

华元弭兵

在春秋这个群雄争霸的历史舞台上，宋国虽小却扮演了重要的角色，凭借左右逢源的高情商促成了两大强国的休战结盟，堪称历史上的第一次和平会议，悄悄地改变着春秋大格局。

背景
晋国内部争斗导致国力疲敝，楚国因与晋国疲于作战，故都有和谈之意

会盟双方
楚国、晋国

时间
前579年

促成和谈者
宋国大夫华元

双方会盟者
楚国：公子罢、许偃；
晋国：卿士燮

结果
双方握手言和

意义
宋国虽是小国，但在此次会盟中扮演了重要的角色，推动了春秋历史进程

自东周开始，周王室就日渐衰落，各诸侯国之间为了权势互相讨伐，战争连连。无休止的战争、内乱亦使得晋、楚这两个大国深感疲惫，双方都想休养生息，握手言和。

周简王五年（前581年），晋景公就已经向楚国伸出橄榄枝，特意把从楚国抓来的战俘钟仪放了回去，希望两国能够订立盟约。但就在楚国做出积极回应之际，晋景公偏偏做了一个恶梦，醒来后就吓破了胆，只好找巫师桑田解梦，桑田直言不讳地对晋景公说："你这病不轻啊，可能吃不到秋天的新麦了。"这更加重了晋景公的病情，果然秋天新麦还没吃到就真的死了，晋楚两国握手言和之事也就暂时搁浅。

同年，晋厉公继位。对于此时的晋国而言，正处在内外交困的窘境。内部卿族间矛盾激化，根本做不到一致对外。郤氏、韩氏、羊舌氏、祁氏这几家各自拥有强大的经

晋景公像
晋景公（？—前581年），姬姓，在位期间与楚国争锋，晚年将国都由绛迁往新田（今山西侯马），后又发兵消除专政的赵氏家族，取得了公室对卿族的第一次胜利。

济、军事实力。他们之间明争暗斗，削弱了晋国的总体实力。国内矛盾已让晋国焦头烂额，而秦国和齐国已渐起争夺霸主之心，晋国如果继续和楚国耗下去，国力衰弱，倘若齐、秦联合攻打，将再无还手之力。所以晋国需要与楚国休战议和。

楚国也强烈要求与晋国和好，则是因为夏姬引发的祸乱。之前，楚国的楚庄王、申公巫臣和司马子反都喜欢上了夏姬，巫臣最终用计得到了夏姬，并带着美人投奔到了晋国。但他在楚国的族人被子重、子反等人合谋全部杀掉，瓜分了财产。巫臣为了报私仇，曾向晋景公献上联吴制楚的策略，晋景公觉得他的计策不错就采纳了。但是楚国经不住和晋国的连年战事，所以也积极谋求同晋国友好共处。

周简王七年（前579年），晋、楚两国再次互派使臣，在此之际，夹在晋、楚之间的宋国为这次和谈发挥了重要作用，宋国大夫华元登场了。

华元曾因为杀了轻慢宋国的楚国使臣而去楚国做了人质，在楚生活多年，并由此结识了楚令尹子重，两人成为好朋友。另外，他在宋国主持国政，担任宋右师职，因职务原因和晋国的栾武子也成了好朋友。现

夏姬像
夏姬，姬姓，春秋时郑穆公之女，郑灵公之妹，因姿色美艳，周旋于多名男子之间，有"杀三夫一君一子，亡一国两卿"之称。

在，他身为宋国大夫，从这两位好友处得知两国都有休兵停战的意思，为了宋国的利益，便积极奔走于晋、楚之间，以调解两国的关系，促成晋、楚和谈。

同年五月，经过华元的牵线搭桥，晋国派了大夫卿士燮与楚国大夫公子罢、许偃在宋国首府睢阳（今河南商丘）举行和谈，也就是史上的"宋西门之盟"。在华元的见证之下，晋、楚签订了会盟合约，内容为："晋楚二国商定永远摒弃战争，你的朋友就是我的朋友，你的敌人就是我的敌人，同甘苦共患难；有第三国攻打楚国，晋国必定相助；同样，有其他国攻打晋国，楚国也必鼎力相助，两国往来不再设任何障碍，如果违反此盟约，会遭受天谴，军队溃散，国命不长。"晋楚之间罢兵，暂时进入休养生息阶段。

东周·玉龙佩
河南琉璃阁魏国墓出土，现藏于美国弗利尔美术馆。通体饰卷云纹，形质简朴，呈月牙形。

前575年

甲午晦，楚晨压晋军而陈。军吏患之。范匄趋进，曰："塞井夷灶，陈于军中，而疏行首。晋楚唯天所授，何患焉？"

——《左传·成公十六年》

鄢陵之战

晋、楚为了各自的休养生息而和谈，但彼此霸权的争夺绝不是一纸和约能约束得住的。所以，当晋国引领中原诸侯之时，楚国也不甘心晋国独大，迅速向郑国出手，让其背晋投楚。于是，和谈仅仅过去四年，晋楚就背弃了原来的盟约，再次开战了。

原因
晋、楚为树立在诸侯国中的地位，争夺中原霸权

时间
前575年

地点
鄢陵（今河南鄢陵北）

起因
楚国拉拢郑国，郑国叛晋投楚，又攻打宋国，引发楚晋大战

交战双方
晋军；楚军与郑军

参战国君
晋国晋厉公；
楚国楚共王

结果
楚败晋胜

意义
晋、楚两国最后一次主力军队的会战，两国均失去用武力征服中原的国力

为夺霸权 背弃盟约

在鞌之战中，晋国虽战胜齐国，但晋楚依然势均力敌，在中原霸主地位的争夺上算得上是彼此的劲敌。晋、楚为了积蓄力量，等待时机，在周简王七年（前579年），在宋国大夫华元的调停下结为盟国，实则是以退为进的缓兵之计。

两国长达半个世纪所积的恩怨怎能因一纸和约便可化解？一旦危机局面得到缓解，盟约也就形同虚设，两国都不会遵守。周简王八年（前578年），晋国联合齐、宋、卫、

养由基像
养由基（？—前559年），嬴姓，养氏，字叔，春秋时期楚国将领，是中国古代著名的神射手。养由基本是养国人，养国被楚国灭亡后，养由基成为楚国大夫。相传养由基能在百步之外射穿做标记的柳叶，并曾一箭射穿七层铠甲，双手能接四方箭，两臂能开千斤弓。成语"百发百中""百步穿杨"都出于此处。

鲁、郑、曹、邾、滕等八国军队西进攻秦，秦军大败，晋国势力增强，中原诸国实际成为晋国的附属。

楚国一看就坐不住了，为争夺霸权，决定出兵攻打晋国的盟国郑、卫两国，一为扩张，二为试探晋国的反应。起初，楚国令尹子囊对出兵有所顾忌，对力主攻郑的司马子反说："刚和晋国谈好结盟没多久，就开始出兵攻打它的盟国，实有不妥吧。"子反回答说："此一时彼一时，现在攻打郑国、卫国，有利于楚国，既然如此就不要再去管签订的盟约了！"

于是，周简王十年（前576年），楚国先单方面撕毁盟约，出兵攻打郑国和卫国，次年又割让田地给郑国，对其软磨硬泡，要郑国背叛晋国与其结盟。周简王十一年（前575年），郑国背叛晋国，转而与楚国结为新盟友。同年，郑国又去攻打宋国，大败宋军，这下彻底惹恼了晋国。保宋图郑或保郑图宋，便成为晋、楚大战的导火索，也成为两国争夺中原霸权的焦点。

双方布阵，大战在即

周简王十一年（前575年），晋国联合卫、齐、鲁三国军队兴兵伐郑，郑国向楚国求救，楚共王出兵援助。农历

春秋·陈侯壶
1963年出土于肥城县（今肥城市）孙楼公社小王庄，现藏于山东博物馆。酒器，壶扁方体，长颈，垂腹，圆角方圈足，带盖。颈两侧附系套环大耳，象鼻上扬。器盖对铭，各阴文13字："陈侯作妫橹媵壶，其万年永宝用。""陈"，国名，妫姓，原在河南睢阳，后迁安徽亳县。"妫橹"是陈侯女儿的名字，"媵壶"即陪嫁的壶。

五月，晋军已经渡过黄河，要与即将到来的楚军交战。

农历六月，晋、楚两军在鄢陵（今河南鄢陵北）相遇，范文子仍不主张与楚军作战，再次遭到晋军新军将佐郤至的反驳。六月二十九日，楚军准备发动攻击，抢占先机。这一天被古人视为用兵忌讳的日子，但楚军担心再有耽搁，援晋的齐、鲁、宋、卫联军一到，再出兵将必败无疑，于是当日清晨，在晨雾的掩护下，楚军便趁晋军不备，悄然逼近晋军的营垒，进行布阵。

等晋军发觉后，楚军已经逼近营前布阵等候，晋军营地外面就是泥沼，兵车根本没有办法出营，局势对晋军非常不利。晋中军将领栾书觉得此时应当固守营地，等诸侯援军到了再一起攻打，到时楚军抵挡不住后退，再乘胜追击。但是，晋军联军中的新军将领郤至并不赞同，他主张现在就要出击迎战，虽然晋军处于劣势，但楚军也有诸多弱点。比如楚军的两个中军将子反和子重

春秋·包金铜贝

贝币是世界上最早出现的货币形式，也是我国最早使用的货币。包金铜贝出现于春秋时期，是在已铸成的普通铜币上用粘接物质将已锤打好的金箔粘贴在其表面上，既华贵又耐磨，通常是王公贵族的奢侈之物。

◆ 战场上的君子之风 ◆

"国之大事，在祀与戎"，春秋时代各国交战也是有很多礼仪的，需要各国共同遵守。比如交战双方都要等对方布阵完毕，才可以击鼓进军。楚军晨雾中已经逼近晋军营地，但布阵之后并没有偷袭就是这个原因。而交战中，要对君王非常照顾，战场上不杀不抓不辱，晋军主将郤至三次遇到楚王，都下车行礼，楚王还在交战中赐送郤至弓箭作为奖赏。郑成公在逃跑的时候，韩厥和郤至放弃了追赶，估计魏锜射中楚共王的眼睛也不是有意为之。白天打得难分胜负的话，晚上也不能继续攻打了，约定好相互罢兵，都回去好好调整明天再打。所以楚军和晋军打了一天，晋国并没有乘胜追击，都罢战回营。

关系不好，新老士兵良莠不齐；虽在晨雾掩护之下布阵，但因视线不好导致列阵混乱不堪，随楚出征的蛮军又不懂得阵法，其阵形没有战斗力等。晋厉公觉得郤至说的很有道理，决定立即统军迎战。因为营地不够布阵，晋军就在军营内填井平灶，就地列阵，既解决了不能出营布阵的困境，还把劣势转为优势，在营内部布阵，隐蔽了自己的作战策略。这一战，楚军虽然抢占了先机，但局势已明显偏向了晋军。

局势逆转，晋胜楚败

楚共王带着晋国旧臣伯州犁站在高处窥探晋军的布阵情况，伯州犁比较了解晋国的布阵套路。而晋厉公身边也有楚国的旧臣苗贲皇，他也跟着晋厉公登高望远，观察楚军阵势并给晋厉公献计献策。

看过对方布阵后，晋厉公及栾书等人商议好作战方针：楚实力较强的左军由上军及一部中军攻之，楚实力较弱的右军及郑兵用下军、新军及另一部中军攻之，另外再派路军去引诱楚军。之后，晋厉公便带领中军出营攻打楚军，但出师十分不利，晋军一出营，战车便陷于泥沼之中。楚共王见晋厉公所在中军力量薄弱，又深陷沼泽，就立即率楚国王族亲兵戎车来攻打晋厉公。栾书见情况不妙，想要过去营救晋厉公，子栾鍼制止了他，叮嘱他要顾全大局，保持全军指挥不乱。正当危急时刻，晋国大夫魏锜射中了楚共王的左眼，晋军恢复攻势。

楚共王恼羞成怒，叫来神箭手养由基，命令他去射杀魏锜。养由基一箭就射中了魏锜的脖颈，魏锜当场毙命。战斗从早晨一直打到傍晚，楚军渐渐失利，楚共王眼睛被射瞎，公子筏被俘，郑成公败逃，郑国将领唐苟战死。但楚军并未伤及主力，双方胜负未定。

到了晚上，两军停战，各自修缮兵器，补充兵卒。楚共王想问子反明天应敌之策，结果子反竟喝得酩酊大醉。楚共王想到当天的伤亡情况，又担心晋国的援军明日赶到，自己更难取胜，万一吴国再乘机来偷袭楚国，那楚国社稷就危险了。于是，楚共王当下决定趁夜率军南撤，子反愧于失职而自杀。尔

春秋·王子婴次炉
1923年出土于河南新郑李家楼，现藏于中国国家博物馆。此器呈长方形，敞口方唇，圆角平底，壁两侧各有一带3节提链环钮。器底残缺，余一周23个残短柱。壁内侧有铭文7字，意为王子婴次之炉。据研究，有人认为该炉为楚国令尹子重所作，是晋楚鄢陵之战中楚师兵败后遗于郑地的。

后，晋军旋师，赢了这场鄢陵之战。

鄢陵之战后，晋厉公在宋国会盟诸侯，再次讨伐郑国，齐、宋、鲁、邾等各国军队都参入战争。郑国与楚国联合抗晋，经过多次攻伐，最终楚国败下阵来，无力再与晋国争雄。

晋楚对阵指挥官简表

	晋军	楚军
统帅	晋厉公	楚共王
军师	苗贲皇	伯州犁
三军	中军将　栾书	中军将　子反
	中军佐　士燮	左军将　子重
	上军将　郤锜	右军将　子辛
	上军佐　中行偃	—
	下军将　韩厥	—
	下军佐　知罃	—
	新军将　郤犨	—
	新军佐　郤至	—

▶ 前573年—前558年

二月乙酉朔，晋悼公即位于朝。始命百官，施舍、已责，逮鳏寡，振废滞，匡乏困，救灾患，禁淫慝，薄赋敛，宥罪戾，节器用，时用民，欲无犯时。

——《左传·成公十八年》

晋悼公新政

一位好的君王会结合形势，主动出击，颁布新政，然后逐一将所有的规划落实到位，这是验证一位领导者水平的有效方法。而晋悼公登位之后，无疑在这场历史的验证中为自己交上了一份满意的政治答卷。

时间
前573—前558年

背景
当时晋国对外国势不振，对内则是卿大夫之间相互钩心斗角，弑君与灭族时常发生

改革措施
对外：联吴制楚、礼遇诸侯、北和戎狄
对内：任贤良、宽刑罚、轻赋税、严军政

结果
晋国霸业推至巅峰

晋悼公像
晋悼公（前586年—前558年），姬姓，堂叔晋厉公被弑后，被迎立为君。在位时惩乱任贤，整顿内政，联宋纳吴，八年之中，九合诸侯，戎狄亲附，被后世认为是一位杰出的政治家、战略家、纵横家。

内政改革

晋悼公名周，是晋厉公的侄子。周简王十三年（前573年），晋厉公被栾书、中行氏囚禁，后被杀死，晋悼公随即被迎立为晋国国君。早年，晋悼公的曾祖晋襄公去世时，继位的晋灵公还只是个孩童。这么小的孩子，根本无法治理国家，于是大政就掌握在了赵氏的手里，而晋国也迎来了自己的厄运。赵氏的首领赵盾在执政过程中逐渐权势遮天，排斥异己，结果晋国在他的治理下，国势日益下滑，霸业面临危机，大臣们也都无心朝政，卿大夫之间只是一味地钩心斗角。在襄公去世到悼公继位之前的50多年里，晋国公室同卿族的斗争导致两名国君被杀，狐、箕、伯、先、郤等多个卿大夫家族被灭，赵氏也衰败了。

春秋·耸肩尖足空首布
春秋时流行于周、晋等地最早的金属铸币之一，由青铜农具钱、镈演变而来，故又称"铲币"。布身呈长方形，上有短銎，銎内常残留范泥。

为此，在晋悼公即位后，为提高公室威信和巩固统治基础，他开始了对国家新政的深入探索。

想要国家强大，首先要进行内政改革。悼公对晋国内政进行了严肃整顿，举贤任能。他选用新臣魏绛、士鲂、魏颉及赵武为卿，任用荀家、荀会、栾黡与韩无忌为大夫，并让卿族子弟都能够受到良好教育。之后，他任士渥浊为太傅，右行辛为司空，并起用弁纠、祁奚和荀宾等能人为官，至此，晋国内政也得到了很好的整顿。

在晋厉公时期，为了恢复晋国的霸业，国家连年对外征战，国人的军赋越来越重，以致老百姓怨声载道。悼公即位后，开始接济贫困，救灾减税，并宽刑节俭。为了能更好地发展农业，晋悼公下令只在闲时起征农民，减轻农民的赋税，免去以前的旧债，此外还特意拿出粮食帛布援助百姓。晋悼公采纳大臣魏绛的建议，让国君以下的贵族都将囤积的陈粮通通卖掉，使得"国无滞积，亦无困人"，同时还放宽了对渔猎山林湖泊的禁令，令"公无禁利，亦无贪民"。这些政策很大程度上解放了生产力，改善了劳动者的生活质量。

在法律方面，早在晋景公时期，就曾命令大臣士会重修法典，以强公室。晋悼公即位之后，任命士渥浊为太傅，要他专注修改范武子之法。法典内

楚庄王与晋悼公

楚庄王	晋悼公
父死子继，年幼登基	叔死侄继，14岁登基
继位后先平定内乱，稳定统治	继位前与诸臣先约法三章，并当众驱逐不臣行为之人，树立权威
任用贤臣，整顿内政，厉行法制	命百官，肃内政，任贤良，济贫困，减赋税，宽刑法
伐庸、麇、宋、舒、陈、郑等国，问鼎中原	北和戎狄，外合诸侯，广惠中原
联齐制晋，与晋争锋，止戈为武，称霸中原	联吴制楚，与楚争锋，镇齐慑秦，复霸诸侯
死后楚国国力下滑，霸权也消亡	死后晋国因六卿内斗激烈也逐渐退出争霸舞台

容较前者来说内容更为温和，目的就是为了缓和与卿族的关系。

在军事方面，悼公即位的初期，晋国的军队分为中、上、下、新四军。但在新军统帅知罃与士鲂去世后，新军就一直找不到合适的将领，于是晋悼公就下令将新军与下军合并。同时又精简了大批的冗员。在晋文公时期，御戎这个职位原本是为君王驾车马的，但随着后来私家势力的发展，卿族也开始设立御戎，悼公即位以后取消了他们的御戎，改由军尉接任。同时，在各军队也分别派遣了司马和军尉，以此来御车训马，加强军队的纪律。

战略救宋

在晋国发生内乱、新旧政权交替之际，楚国觉得是个好时机，一举出兵灭了舒庸（舒人和庸人的融合部落，在今安徽霍山、桐城一带），又与郑国联军，借着晋国盟友宋国也发生内乱，连着夺取了宋国的朝郏（今河南夏邑）、幽丘、城郜和彭城（今江苏徐州）四座城邑，之后又将投奔楚国的宋臣鱼石、向为人、向带等五人安置在彭城。还派出了300辆战车把守，妄图以此来压制宋国，并有效地遏制住晋国与吴国之间的来往和联系。

宋国想要收复彭城，攻打许久无果，便派人向晋国求援。晋悼公刚即位

浮雕壁画：魏绛和戎
讲述了魏绛用议和的策略，争取到晋国周边各少数民族的拥护，稳定晋国的场景，同时也为民族融合创造了条件。

不久，收到消息，亲自率领军队驻扎台谷（今山西晋城），同时派出使臣士鲂请鲁国出兵。同年十二月，悼公与齐、鲁、宋、卫和邾国会于虚朾，一起商量如何援助宋国。

周简王十四年（前572年），在时机成熟以后，晋国与宋、卫、曹、莒、邾、滕及薛计八国之师围攻彭城，迫使守彭城的楚国守军出门投降。同年，晋国以齐国不参与彭城之会为理由，兴兵讨伐，迫使齐国将太子光送入晋国为质。在这一年的夏天，韩厥和荀偃以诸侯之师攻入郑国都城新郑的外城，并借道郑境攻下了楚国的焦和夷（都在今安徽亳州一带），乘势打到了陈国。

经过这次有利的行动，晋国不仅

为宋国夺回了原先失去的四座城邑,还借着联军多次向郑国施压,迫使郑国屈服。之后,晋悼公多次邀请诸侯相会,有效地打击楚国的势力,维护和巩固了晋国的实力。

外交结盟

在晋悼公尚未即位以前,晋国常常仗着自己实力雄厚,随意欺凌各诸侯小国,对各国贵族的态度也傲慢无礼。晋悼公即位以后,结合当下自身的形势决定改变晋国的外交政策,礼遇诸侯。在即位之初,晋悼公热情招待鲁国君,给予对方足够的尊重和帮助,令鲁人甘愿做晋国争霸的先锋。

晋悼公在位期间,新兴国家吴国在东南地区一点点强大起来,渐渐成为楚国的一大劲敌。周灵王元年(前571年),吴国在战场上大胜楚军,夺取了楚国的城池,楚国总帅令尹气急之下,突发心疾暴病而死。晋悼公得知这一消息,在鸡泽(今属河北邯郸)大会诸侯,并向吴国抛出橄榄枝,派使臣到吴国邀请吴王前来参会。只是由于道路难行,吴王才没能参加这次盟会。而当时的陈国由于难以忍受楚国的压迫,也派出使者请求会盟。两年后,吴国主动遣使臣向晋国打听会盟日期,于是晋悼公命鲁、卫与吴王共同在善道(今江苏盱眙北)举行会盟。同年的九月份,吴国参与了中原诸侯在戚城(在今河南濮阳,卫国城邑)的会盟。这标志着晋国

古吹台
位于河南开封城墙的东南部,传说师旷经常在这座高台上吹奏乐曲,人们便把这座高台命名为古吹台。明嘉靖年间,人们希望禹王的神灵能保佑开封免受水灾,就在吹台之上修建了禹王庙,所以古吹台又称禹王台。

已经成功联盟吴国,共同制约楚国的时代来临。

周灵王七年(前565年),亲晋的郑国打败了蔡国,并俘获了蔡国的司马公子燮。晋悼公便借着机会邀请了郑、齐、宋、卫、邾等国会于邢丘。晋悼公在会上重新规定了朝聘的纳贡数量,郑简公也亲自献上蔡国俘虏,以表示自己对晋国的忠诚。为了加深彼此的亲近感,晋悼公接见朝聘的诸侯时不再用天子之礼在都城内接见,而是放下架子亲自到郊外去迎接。对于那些负担纳贡太重的诸侯,还放宽政策,减轻其负担。由于这一项项外交改革的落实,中原诸侯对晋国的认同和好感更加深了。

晋悼公凭借这一系列内政、外交上的改革,迅速巩固了自己在晋国的地位,也使晋国霸业得以恢复,成为当时天下莫能与之争锋的霸主。

乐圣师旷

师旷(生卒年不详),字子野,封地在晋国羊舌食邑(今山西洪洞曲亭镇师村)。因天生眼盲,自称"盲臣",生活于晋悼公和晋平公时期,是春秋时期最为著名的音乐家,流传至今的《阳春白雪》《玄默》等曲为其所作。

晋国的官制名称

官职	分管事务
司徒	原为执政官,后废置
司空	原掌管军法,主要管理军营和后勤;卿制出现后成为专司制造和刑法的大夫
卿	晋文公始设,三军之长
大夫	分上、中、下三种,并以其司职而存在其他名称
傅	太子的老师
司寇	又称士或理,掌刑律
祝	主要为祝福和禳灾
宗	主要是管理国君的卿大夫的家庭事务
史	记事书言,也兼观察天象和整理宗族资料
卜	专事占卜一事
籍	专门管理和整理收藏典籍
师	司职音职
行人	又称行李,处理一般性质的外交活动
七舆大夫	掌管国君的亲卫军,春秋后期因国君势衰,逐渐消失

春秋·齐侯匜
齐侯四器之一,盛水器,有龙形把手,四兽足,齐侯四器是春秋时期的齐侯嫁女的媵器,有鼎、敦、盘、匜各一件,其铭文字体端正、笔画秀丽,历来为金石学家所称道。现藏于美国纽约大都会艺术博物馆。

前537年

三家者以雍彻。子曰："'相维辟公，天子穆穆'，奚取于三家之堂？"

——《论语》

三桓分公室

剪不断，理还乱，鲁国"三桓"与公室的权力争夺实际是一场漫长的家族内斗史。自鲁庄公之后，作为正统地位的鲁国公室权力日益衰弱，而其他三脉旁支日益强大，直到鲁昭公时，"三桓"完全凌驾于公室之上。正是这样无休无止的内耗争斗，令鲁国从西周时期的宗邦强藩，变成日渐衰弱的蕞尔小国。

国家
鲁国

三桓
鲁国卿大夫孟氏、叔孙氏和季氏，皆为鲁桓公的后世子孙

背景
鲁国公室自鲁庄公之后，国政逐渐被操纵在以季氏为首的"三桓"手中

专权人物代表
庆父、公孙敖、季文子、季武子、季平子等

公室代表
鲁宣公、鲁襄公、鲁昭公、东门襄仲、公孙归父等

成语典故
庆父不死，鲁难未已

庆父作难

三桓分公室是发生在鲁国的事情，三桓的由来要追溯到鲁桓公时期。鲁桓公是春秋时代鲁国的第十五位君主，他的正室夫人文姜是齐僖公的女儿、齐襄公的妹妹。周庄王三年（前694年），鲁桓公带着夫人文姜去了齐国，结果就死在那里。原因是他发现文姜竟与齐襄公有不正当的关系，不久便被齐襄公命公子彭生杀死。这位悲催的一国之君就这样丢了性命。

鲁桓公死后，太子同（文姜的儿子，即嫡长子）继承了君位，即鲁庄公。除了鲁庄公，桓公还有三个儿子，即庆父（庶长子）、叔牙（庶次子）和季友（嫡次子）。鲁庄

季文子像
季文子（？—前568年），即季孙行父，春秋时鲁国的正卿，在鲁国执政33年，辅佐鲁宣公、鲁成公、鲁襄公三代君主。在位期间行事以谨小慎微著名，凡事总要三思而后行，品德端正，清廉节俭，死后按其心愿薄葬，因其家无余器，鲁襄公都非常感动。

公即位后，按照宗法制度封三个兄弟为卿。后来，他们的子孙渐形成鲁国大族，因为都属于鲁桓公之后，故称为"三桓"。

且说鲁庄公的正室夫人哀姜没有孩子，只有她的陪嫁为庄公生了一个儿子，名开。后来，庄公又娶了一个夫人，生了公子般。

周惠王十五年（前662年），鲁庄公病重，想立公子般为太子。但公子般不是嫡长子，按礼法不能继承君位。鲁庄公有些为难，便以此事询问两个弟弟叔牙和季友，叔牙与庆父是一党，他说庆父有才能，暗示鲁庄公"父死子继，兄终弟及"，而季友则表示坚决拥护公子般为太子。鲁庄公对叔牙非常失望，为了给儿子继位扫清障碍，他让季友给叔牙送去了毒酒，逼他自尽。在叔牙死后，立其子孙为叔孙氏。

不久，鲁庄公去世，身为辅政大臣的季友便立已成为太子的公子般为君。庆父没有坐上君位，并不甘心，他与鲁庄公的夫人哀姜私通，想转立公子开为鲁国国君。趁鲁庄公还没来得及下

春秋·刖人守囿挽车
1989年山西闻喜上郭村出土，现藏于山西博物院。此车通体以动物为饰，厢盖为猴钮，边围四只小鸟；厢盖四角为四头熊，车身伏一对老虎。车厢后门附一全身赤裸、被砍去左脚的守囿人。这件车轮依然能运转自如的青铜器，是春秋时王侯贵族把玩的机械玩具。

葬，公子般也没有正式即位之机，庆父便派心腹荦杀死了公子般。季友没有讨伐庆父的实力，只好逃到了陈国。

季友逃走后，庆父拥立公子开为君，是为鲁闵公。庆父把持了鲁国朝政，野心也越来越膨胀，一年后又派人将鲁闵公也杀了。季友听到这个消息，

春秋·蟠虺纹盘
盘是古代的一种水器，兴起于西周中晚期，盛行于春秋。此盘通体饰以蟠虺纹，蟠虺又称"蛇纹"，是以蟠屈的小蛇形象构成几何图形，春秋时的纹饰多蟠旋交连。

从陈国到了邾国，准备接庄公的另一个儿子公子申到鲁国，请鲁人立他为国君。面对国人的压力，庆父掩盖不了弑君的事实，出逃到莒国。而季友护送公子申回到鲁国，助他顺利即位，是为鲁僖公。之后，季友用重金贿赂莒人，顺利地抓到了庆父，庆父自裁而死。这就是成语"庆父不死，鲁难未已"的由来。庆父本为鲁庄公的庶兄，时人称他及他的后世子孙为"孟氏"。

鲁僖公即位16年后，季友重病去世，史称"成季"，其后子孙立为季氏。

东门执政

成季去世以后，孟氏公孙敖（庆父之子）逐渐接管了政权，他野心勃勃，以诸侯之卿的身份，"会宋公、陈侯、郑伯、晋士縠，盟于垂陇"，"会晋侯于戚"，在政治上不断越权危及鲁君权位。然而在鲁国论及权势，当时并非公孙敖一支独大。鲁庄公另有一个儿子名遂，历史上称他为襄仲，因居住在东门，其后世子孙也称为东门氏。

鲁僖公去世后，其子文公继位。以公孙敖为首的孟氏为了掌控政权，开始与东门襄仲争权，但这场旷日持久的争斗最终以东门氏的完胜告终。孟氏败了，但接下来鲁国的又一大族叔

春秋·透雕双鹿铜板饰
青铜质，透雕工艺饰上下两头鹿，鹿双角高耸，跪地回首，双目圆睁，形象可爱质朴。透雕鹿形象出现于春秋中晚期，造型多比较简单，充满了早期游牧艺术的情趣和风格。

孙氏（即叔牙的后代）又与东门氏争斗起来。又经过几轮权力的争夺，东门氏最终胜出。周匡王五年（前608年），在东门氏的拥立下，鲁宣公继承了大统，成为鲁国的君主。

宣公在位的第八年，东门氏襄仲去世，政权落到了襄仲之子公孙归父的手里。但这期间，以季文子（季友的孙子）为首的三桓势力日益强盛。周定王十三年（前594年），即鲁宣公在位15年时，宣公采纳季文子建议，推行初税亩制度，开垦私田，让很多老百姓得到了益处。然而这件事并没有提升宣公的威望，反倒让百姓对季氏感恩戴德。这让鲁宣公很不高兴，遂对三桓有了铲除之心。

周定王十六年（前591年），鲁宣公终于忍无可忍，做出了"去三桓以张公室"的决定，他找来公孙归父商议，让公孙归父到晋国为自己求亲，欲娶晋女为妻，以借助晋国的势力除掉三桓。可命运多舛，公孙归父求亲还没回到鲁国，鲁宣公就因病去世了，季文子趁势鼓动群臣造反，列出鲁宣公当初即位时

与东门氏的种种罪行，并以此获得了群臣的支持。公孙归父得知这一消息，匆忙逃往齐国。就这样，鲁国执政权掌握在了季文子手里。

三桓分室

18年后，即周简王十三年（前573年），季文子立鲁成公之子午为国君，是为鲁襄公，襄公当时仅3岁，至此三桓权力达到顶峰。

周灵王九年（前563年），即鲁襄公即位第11年，季文子之子季武子增设三军，分别由季武子、叔孙穆叔、孟献子对军队进行掌管，三卿各主一军之征赋，由此三桓势力已经强于公室。

次年，三桓与鲁襄公将鲁国臣民分为12份额，三桓三家共得七成，鲁襄公得五成，自此，臣民已经不完全属于鲁国国君，鲁国公室相比于三桓而言，越来越卑微。

周景王三年（前542年），鲁襄公去世，襄公之子野被立为国君，然而公子野未及即位，便因为过度哀伤也跟着去世了。于是，季武子又立鲁襄公的另一个儿子公子裯为鲁国国君，是为鲁昭公。叔孙氏穆叔为此非常反对，认为嫡死则立贤，而公子裯无才无德，根本不能胜任君主的位置。但季武子还是坚持把公子裯推上了君位。

周景王八年（前537年），季武子罢中军，四分公室，季孙为左师，孟氏为右师，叔孙氏则自以叔孙为军名。自此，三家自取其税，臣民从此不再属于君主，整个国家正式形成了三桓分公室的局面。后来，季武子的孙子季平子赶走鲁昭公，摄行君位近十年，俨然鲁国国君。直到大约周威烈王十九年（前407年），东周已进入战国时代，鲁穆公励精图治，实行改革，才渐渐从三桓手中收回政权，摆脱三桓专政的局面。

曲阜鲁国故城遗址
曲阜鲁国故城遗址位于山东曲阜市内及其外围地区，西周初年周武王封周公旦于鲁，是为"鲁公"；成王时周公之子伯禽代父就封，在这里建立了都城，自此至鲁顷公亡国止，共历34代，建都时间达873年。

> **前546年**

宋向戌善于赵文子，又善于令尹子木，欲弭诸侯之兵以为名。

——《左传·襄公二十七年》

弭兵会盟

弭兵会盟促成了春秋时期规模最大的一场和平大会，推动了新旧制度的更替速度，加快了春秋历史进程。宋国运用超强的外交能力，华丽地演出了这场"小国大外交"的政治历史大戏。

时间
前546年

起因
晋楚两国内忧外患，连年战事苦不堪言，各诸侯国一致盼望休兵言和

斡旋者
宋国

会盟双方
晋国、楚国、齐国、秦国等14国

结果
签订弭兵盟约

意义
宋国外交获得极大胜利，各国内部阶级矛盾趋于尖锐

持弓箭的赵武

赵武（？—前541年），嬴姓，赵盾之孙、赵朔之子，戏剧《赵氏孤儿》的历史原型。春秋时晋国卿大夫，在位期间主要成就是议和郑国，参加弭兵之盟。作为赵氏唯一的幸存者，他温和忠信、礼义谨慎，其韬光养晦重造了赵氏在晋国的家族势力与威望。

晋楚求盟，宋再出力

周简王七年（前579年），在宋国大夫华元的斡旋下，晋国、楚国第一次弭兵会盟，但盟约很不稳定，四年后，两国即爆发鄢陵大战，楚战败。周灵王十五年（前557年），晋、楚又爆发湛阪之战，楚再败。不得已，楚国再次向晋国求盟。

晋国也有本难念的经。周灵王二十四年（前548年），晋平公面临国内贵族纷争、国外对手（楚、秦、齐）威胁的局面，又唯恐附属国叛变，不得不考虑与楚再度弭兵。这一次在中间牵线的是宋国大夫向戌，他和晋国当权者赵武、楚国当权者子木均是好友。

但是为什么宋国要再次做两国交好的使者呢？这就要从春秋前期齐

主要会盟国的代表

国家	代表人
晋国	赵武
楚国	屈建
宋国	向戌
鲁国	叔孙豹
蔡国	公孙归生
卫国	石恶
陈国	孔奂
郑国	良霄
齐国	庆封　陈须无

桓公创立霸业时说起，从春秋争霸一直到春秋中叶晋、楚第一次宋西门之盟，诸大国为了争权夺势打打杀杀了百余年，也让那些中小国家受到波及苦不堪言，它们不仅要不断向大国进献财物，还屡受战争之害，想默默做个附庸国都不得安宁。尤其宋国，又地处晋、吴、齐、楚交通要道，可算是吃尽了苦头。眼看晋楚两国都内忧外患，筋疲力尽，其他诸侯国也受不了"牺牲玉帛，待于二境"的苦痛，纷纷表达了强烈的合盟愿望。而宋国向戌本就是带兵征伐各国的，长久征战让他心力交瘁，他也极度渴望和平，而且事成自己也可扬名百世。

于是，向戌倡导各国召开一次"弭兵会议"，即提议各国禁用武器，以消除战祸。

牵线搭桥，一波三折

周灵王二十六年（前546年），向戌先去晋国找中军元帅赵武沟通会盟大计，提议禁用武器，晋国正卿赵武（赵盾之孙）召集众大夫进行商议。其实晋国心里清楚武器是无法禁用的，但战争不断对大国来说劳民伤财，对小国来说简直是灾难，另外如果不答应参加会盟，就会被其他诸侯指责，还会被扣个"不仁义"的帽子。万一楚国又先行同意会盟，晋国就失去了号召力。前思后想，赵武决定会盟之事暂且应允，可以前去一探究竟。于是，他答应了向戌的提议。向戌紧接着又跑去楚国提议会盟之事，并传达了晋国的休战议和友好态度，于是楚国也很爽快地答应了。向戌

吹笙引凤画像砖

1958年出土于河南邓县（今邓州市）学庄村南朝墓。它反映周灵王时太子乔成仙的故事，画面中左为吹笙的太子乔，中间为含灵芝的凤凰，右为道士浮丘公。王子乔(约前565—前549年)，姬晋，是周灵王的太子，王姓始祖，见识高卓，学问渊博，好吹笙，作凤凰鸣。15岁时因在治洪策略上进谏惹怒了周灵王，被废黜为庶人，三年后郁郁而终。后人惋惜他，就流传说他得道升仙了。

春秋·青铜蟠虺纹簠

子母口，方口外侈，上下对称，器身饰满蟠虺纹。簠是中国古代汉族祭祀和宴飨时盛放黍、稷、粱、稻等饭食的器具，出现于西周早期，盛行于西周末春秋初，战国晚期以后消失。

到了齐国，齐景公不太想参与，被大臣陈文子劝道："其他诸国都答应的事情，倘若您不答应就会失去民心啊！"于是齐景公也答应下来。接下来就是各国派执政大臣到宋国参加会盟，也有小国国君亲自参会。

但晋、楚两国积怨已久，使得会盟之事遇到阻碍。楚国令尹子木先摆起了架子，到了陈国便住下来，对向戌说先让晋国大夫和其他诸侯们相见。按照外交对等政策，晋国赵武自然不答应，这下可难为了向戌，于宋国、陈国两地奔跑，传话给两国大夫，最后解决办法是其他诸侯国先互相见面，等楚国到了宋国，晋、楚再正式约见。

同年七月初四，晋国、楚国、齐国、秦国、鲁国、卫国、陈国、蔡国、郑国、许国、宋国、邾国、滕国等14国在宋国的西门之外汇合，商议盟约。但这么其乐融融的场合，晋、楚两国依然势不两立、杀气腾腾，楚军都穿着战甲，做好随时开战的准备，楚国大宰相伯州犁觉得这种场合还让将士们全副武装很不好意思，就向子木请求，让将士们脱掉盔甲，子木说："晋国向来不讲信用，要随时提高警惕。"

然后，双方又在歃血盟誓的时候为谁做盟主争执起来，楚国坚持要当盟主。晋方争："凡诸侯会盟，都是晋国当盟主。"楚方争："正是因为你们一直都做盟主，这一次应该让我们做盟主了。"为了大局着想，晋国代表最后只好妥协。

好事多磨，签订盟约

会盟终于完成，但盟誓依旧没有什么实际的具体内容，只是约定了各国归属：属于晋附庸国的有郑国、卫国、曹国、宋国、鲁国；楚附庸国有陈国、蔡国、许国；秦国和齐国则单独出列，属于独立的一等强国，其中邾国是齐国的附庸国，滕国是宋国的附庸国，从这份壁垒分明的名单中，不难清晰地看出这盟约就是晋、楚两大超级强国在瓜分天下。

但有另外一项约定让众小国简直是雪上加霜：晋的仆从国以前只需要朝贡晋国，以后还要朝贡楚国；同样，楚的仆从国也要多一份去朝贡晋国。在一定程度上可以说，这次会盟是用对小国的穷征暴掠换取了两大国的握手言和。

这次盟会起了一定效果，此后十几年间国与国之间都没有发生战争，而晋、楚两国之间更是长达40年之久没有直接的军事冲突，中原各国暂时有了一个和平的环境。但斗争又从国际转到了国内，各国内部贵族为巩固自身的利益，挖空心思在政治、经济上采取新措施，促使春秋时期的格局暗流涌动，推动了春秋时期的历史进程。

泰山问政

孔子离开鲁国去齐国，路过泰山时，听到一个妇女悲痛的哭声，便让子路去问。妇人说她家从远方迁居此山中，不料此山中有猛虎，她公公、丈夫、儿子都相继丧命于虎口。子路问："那为何不离开这里？"妇人说："只为这深山老林中没有苛捐杂税啊！"子路把妇人的话告知孔子。孔子叹息说："你们要记住，苛政凶猛过于老虎啊！"

弭兵会盟为何没有吴国

第二次弭兵会盟，大大小小、浩浩荡荡十几个国家参与，为什么没有吴国？这就是晋国的小心机了。

晋国特意没让盟国吴国参与这次会议，因为会议上约定各盟国之间不可以再打仗，如果吴国加入，必然要遵守盟约，但现在吴国不受"弭兵"会议的约束，可以随时发动战争，而又不会落下什么口实，这是晋吴两国联盟为了制楚商议的妙计。所以在后来，新兴吴国就去攻打楚国了，称雄一时的楚国在吴国的连续攻击之下几乎灭亡，幸亏得到秦国的援助，才保住社稷。

前548年—前546年

景公立，以崔杼为右相，庆封为左相。二相恐乱起，乃与国人盟曰："不与崔庆者死！"晏子仰天曰："婴所不（获）唯忠于君利社稷者是从！"

——《史记·齐太公世家》

崔庆之乱

权力与美色的诱惑，最终让小人在齐国的政坛中制造了混乱。齐灵公昏聩不明、齐庄公贪图美色，父子二人身为君主却肆意妄为，一出出闹剧，演绎了崔庆之乱这段荒唐的历史。

时间
前548—前546年

地点
齐国

专权人物
崔杼；庆封

被杀国君
齐庄公

结果
崔杼被庆封陷害，自杀；庆封逃亡，后在吴国被楚军所杀

历史评价
为谋私利，乱政专权，最终自食其果，家破人亡

齐庄公像

齐庄公（约前588年—前548年），姜姓，吕氏，名光，又称齐后庄公。在大夫崔杼、庆封的帮助下，杀死弟弟及其母，气死齐灵公而即位。后因与崔杼之妻东郭姜私通，而遭崔杼等人杀害。

齐灵公本来立了公子光为太子，却因戎姬进谗言废掉太子光，改立公子牙为太子。

周灵王十八年（前554年），齐灵公病重，大夫崔杼趁机偷偷接回公子光，重新立为太子。崔杼先杀死了戎姬，病中的齐灵公听说后，气血逆行而死。之后，公子光即君位，史称齐庄公。齐庄公杀死子牙，崔杼也因拥立之功顺利掌握了齐国朝政。

崔杼霸占了棠公的孀妻棠姜（东郭姜），娶其为妻。齐庄公也爱上了棠姜的美色，多次去崔杼家私会棠姜，崔杼敢怒不敢言，始终忍不下这口气，遂决定报复齐庄公。齐庄公曾毒打宦官贾举，遭贾举怨恨，崔杼便与贾举勾结，两人设下圈套，最终杀死了齐庄公。

齐庄公死后，崔杼拥立齐灵公的幼子杵臼为君，是为齐景公。崔杼立自己为右相，封庆氏家族的庆封为左相，

二人共同把持政权，成为齐国最有权势的家族。由于齐景公年幼，崔杼专横，几乎独揽朝政大权，威势震于齐国。庆封渐渐心怀不满与嫉妒，对崔杼萌生杀心。

周灵王二十六年（前546年），崔杼家族中发生内讧，也让庆封找到了离间的机会。他挑拨崔氏子弟自相残杀，并为崔杼的嫡子崔成、崔疆提供精锐兵甲，援助他们刺死了家臣东郭偃和棠无咎（棠姜之子）。这件事令不知情的崔杼勃然大怒，竟去求助于庆封，庆封假装惊讶地说："这两个孩子，怎敢这样目无长上呢？你若想讨伐，我全力支援。"崔杼信以为真，感激地说："如果你能为我除掉这两个逆子，我叫宗子崔明，拜你为父。"

于是，庆封便召集家丁杀了崔杼两个儿子崔成、崔疆全家，并掳掠了全部家当，放火烧毁了整片房屋，然后提着崔成与崔疆的头颅，来回复崔杼。崔杼见到两个儿子的首级，难掩悲伤，他向庆封道谢后，便回到家中，看到家破人亡的场景，这才恍然大悟，自己是被庆封陷害了，于是自缢而死。

崔杼死后，庆封做了相国，大权在握。他终日享乐不问国事，把国家大事都交给儿子庆舍。为了消灭庆氏家族，田、鲍、高、栾四家族联合到一起，开始密谋刺杀庆封的行动。周灵王二十七年（前545年），他们借着庆封打猎不在的机会包抄了他的家，杀死庆舍及其同党，庆封逃亡到鲁国，之后又逃到吴国。七年后，楚国伐吴，诛灭了庆氏全族。

崔杼像

崔杼（？—前546年），姜姓，崔氏，春秋齐国权臣。他在齐执政二三十年，当国秉政，骄横异常，先后立庄公、景公，在朝大肆杀戮，使齐政局动荡。后因家族发生内讧，左相庆封乘机灭了崔氏，崔杼上吊自杀后，尸体为景公戮曝。

春秋·牺尊

1923年出土于山西浑源李峪村，现藏上海博物馆。牺牛是古代的一种纯色牛，《礼记·曲礼下》中："天子以牺牛，诸侯以肥牛。"其中"牺"是"色纯"的意思。此器为酒器，牛腹中空容水，颈及后脊上的空穴可注水。纹饰繁缛，造型新颖。

少年中国史

> **前556年—前500年**

晏平仲婴者，莱之夷维人也。事齐灵公、庄公、景公，以节俭力行重于齐。既相齐，食不重肉，妾不衣帛。

——《史记·管晏列传》

晏婴相齐

为人圣贤，先在于德，而后在思。德者，不计私利，为国为民甘脑涂地；思者，深思熟虑，张弛有度。晏婴便是如此，为君王尽到臣子的本分，为人民尽到为官者的良知，面对强权不卑不亢，以自己的贤德成就民心所向。

主角
晏婴

国籍
齐国

职业
政治家、思想家、外交家

为人风格
行得法，言得体，聪颖机智，能言善辩

主要事迹
为齐庄公哭丧，不屈从崔庆之流，出使楚国不辱使命

主要成就
历任齐灵公、庄公、景公三朝，辅政长达五十余年，以有政治远见、外交才能和作风朴素闻名诸侯

晏婴哭丧，得理得法

晏婴，人称晏子，齐国上大夫晏弱的儿子。周灵王十六年（前556年），晏弱病死，晏婴继任为上大夫。之后侍奉齐灵公、庄公、景公三朝，辅齐国国政长达50余年。晏婴聪颖机智，能言善辩，忠心为国，屡谏齐侯，在齐国很有威望。

崔杼作乱杀死齐庄公后，晏婴得知消息，便不顾生命安危，毅然带着侍从赶往国都吊唁。晏婴来到崔杼门前，侍从看到他的神色，很担心地说："您是准备为国君殉葬吗？"晏婴道："国君也不是我一个人的国君，我为

晏婴像
晏婴（前578年—前500年），字仲，谥平，常被称晏子。齐国莱地夷维人（今山东高密），春秋后期外交家、思想家。据说身材短小，其貌不扬，但头脑机敏，能言善辩。历任灵公、庄公、景公三朝，辅政长达50余年。晏婴平时生活节俭，谦恭下士，内辅国政，屡谏齐侯。对外他既富有灵活性，又坚持原则性，出使不受辱，捍卫了齐国的国格和国威，使齐国名扬诸侯。

什么要为他殉葬？"这时又有人问他："那我们要逃跑吗？"晏婴说："国君的死又不是我的罪过？我为什么跑？"随从更疑惑了，道："既然您不为国君殉葬，又不想逃亡，那我们就回去吧。"晏婴说："眼下国君都死了，我们能回到哪儿去呢？身为万民的君王，首先要尽到的本分就是管理国家，而不是借着自己的权势欺凌百姓；作为国君的大臣，应当协助国君主持国政，而不是仅仅为了获取俸禄。所以如果君主为国家而死，臣下就应该为他而死；君主为国家而逃亡，臣下就应该跟他逃亡。但如果君主只为一己私欲而逃亡，除了他宠爱的人，谁还会承担责任呢？"

说完，晏婴径自闯进崔家，摘掉帽子，扑在齐庄公的尸体上号啕大哭，哭完便离去。崔杼早对晏婴不满，他的贴身随从想杀掉晏婴，却被崔杼拦住了，崔杼感慨道："他是百姓所爱戴之人，倘若杀了他，我定会失去民心。"

胸怀坦荡，拒不妥协

齐庄公死后，崔杼便和庆封密谋拥立新君，最终选定了齐庄公的异母兄弟杵臼为国君，就是齐景公。为了进一步巩固自己的权势，崔杼将朝内群臣都驱赶到太公庙，并命令重兵里里外外重重包围，逼迫满朝文武与他歃血为盟，对他表明忠心，如违背他的意思，马上就将其处死。大臣们一个接着一个向

春秋·青铜鱼钩

春秋时的渔具。扁方体范铸，鱼钩头作尖三角带倒刺，尾端开一段口便于系绳线，反映了古越人的日常生活。现藏于绍兴博物馆。

崔、庆表了忠心，很快轮到了晏婴，只见他淡定举杯，慷慨激昂地对天盟誓："我只忠于君主和国家。但凡为虎作伥、助纣为虐者均不得好死！"说完，一饮而尽。

崔杼见状怒火中烧，拔出宝剑顶住晏婴的胸膛，要他重新起誓。晏婴却

二桃杀三士

春秋时期，齐景公身边三勇士公孙接、田开疆、古冶子，这三人号称"齐国三杰"，因英勇深受齐景公的宠爱，但他们却恃功自傲。相国晏婴担心他们日后为势力日趋强大的田氏效劳而危害国家，建议齐景公除掉他们，并设了一局。晏婴借宴请鲁国公之机，要齐景公以两个桃子为赏，让三勇士比功劳，因公孙接、田开疆自觉功劳不及古冶子，称取桃不让是贪，遂拔剑自刎。古冶子叹自己独活为不义，也拔剑自刎。

没有丝毫胆怯,厉声回答:"要杀要剐随便你,但我晏婴决不屈服!"崔杼更加恼羞成怒,欲将其杀死。这时,跟随崔杼多年的心腹赶忙制止,并悄悄地对崔杼说:"万万使不得呀!您杀庄公,是因为他昏庸无道,所以没有引起百姓的反抗,但如果您杀了晏婴,麻烦可就大了。"崔杼一听,觉得有道理,于是只能无奈地放晏婴离去。庆封也想杀晏婴,也同样被拦下了。

晏婴坐入马车后,驾车的车夫立刻扬鞭驱驰而去,晏婴却从容地对车夫说:"安稳点,不要因为慌张而乱了节奏。这车快了不一定就能活命,慢了也不一定就会死。就比如鹿,它生长在山上,可命却掌握在厨师手里。如今,我

《晏子春秋》书影

清光绪壬辰(1892年)刻本。《晏子春秋》是记载春秋时齐国政治家晏婴言行的一部历史典籍,书中记载了很多晏婴劝告君主勤政、爱民、任用贤能和虚心纳谏的事例。

也像鹿一样。"晏婴安然无恙地回到了家中,最终也没遭到迫害。

巧言进谏,任相于齐

齐景公即位之初,只是让晏婴去治理东阿(今山东阿城镇一带),并没

《晏子春秋》

晏婴历任齐灵公、庄公、景公三朝,辅政长达50余年,以有政治远见、外交才能和作风朴素闻名诸侯。晏婴为人聪颖机智,口才一流,能言善辩,内辅国政,屡谏齐王。

汉代史学家司马迁非常推崇晏婴,将其比为管仲,孔子也曾称赞他说:"救民百姓而不夸,行补三君而不有,晏子果君子也!"

《晏子春秋》是一部记载春秋时期齐国著名政治家晏婴言行的历史典籍,由真实史料和民间传说汇集而成,书中以大量的篇幅,记载了很多晏婴劝告君主勤政、拒绝贪图享乐,要爱民如子、任用贤能和虚心纳谏的故事,成为后世诸多文人官员学习的榜样。

晏婴自身为官清廉,非常注重节俭,其书也因此备受后世统治者崇敬。

要重用他的意思。晏婴在东阿任职三年，齐景公听到的对晏婴的评价都是负面的，甚为恼怒，便把晏婴召来责问，要将他免职。

晏婴赶忙上前谢罪说："君主不要生气，臣已经知道过错，如果您肯再给我一次机会，我会重新治理东阿，三年后一定让您听到赞誉之声。"齐景公同意了。果不其然，三年后，从东阿回来的人都纷纷夸赞晏婴的才能。齐景公很开心，决定召见晏婴并奖赏他，谁知晏婴却拒绝了赏赐。

齐景公很奇怪，便问其原因。晏婴说："三年前臣治理东阿，兢兢业业，以民为先，恪守本职，循章办事，也因此损害了各种权势集团的利益。于是，为了让臣早日下台，他们想尽办法在您面前毁谤臣，大王听后自然不高兴。后三年，臣反其道而行，原来那些谗言自然变成了赞赏之声。所以臣觉得，前三年治理东阿，大王是应该给予臣奖励，臣却要面对责罚；后三年大王应是惩罚臣，结果臣面对的却是褒奖。所以，臣实在不能接受。"

齐景公听了晏婴的进谏，才明白错过了晏婴这个贤才，深悔自己以前听信了谗言，于是任晏婴为齐相，让他辅佐自己治理齐国。晏婴不仅有政治远见，更有出众的外交才能。

周景王十四年（前531年），晏婴出使楚国，楚王见他身材矮小，屡次借机羞辱齐国。晏婴巧言善辩，一一化解楚王的羞辱，维护了齐国尊严。楚王惭愧，最终以厚礼相待。

在为相期间，晏婴为国为民着想，屡次劝谏齐景公放宽政令，减轻赋税，令百姓休养生息。在晏婴的辅佐下，齐国的面貌焕然一新。

晏子使楚图
现代傅小石绘。讲述了春秋末期，齐国大夫晏子出使楚国，楚王三次侮辱晏子，想显示楚国的威风，晏子巧妙回击，维护了自己和国家尊严的故事。画面通过简洁的场景和生动的人物面部表情，表现了晏子的冷静、坚毅及楚王的傲慢和大臣们的轻蔑。

> **前522年**

郑定公与子产诛杀太子建。建有子名胜。伍胥惧,乃与胜俱奔吴。到昭关,昭关欲执之。伍胥遂与胜独身步走,几不得脱。

——《史记·伍子胥列传》

伍子胥奔吴

费无忌不过是一个跳梁小丑,但可以在楚国朝堂翻手为云覆手为雨,实际上是楚平王的纵容与昏庸。昏君与佞臣各为满足一己私欲,操纵了一场屠杀。而伍子胥背负着父兄被杀的深仇大恨,怀着坚定的报仇之心,辗转逃亡,历尽千辛万苦去了吴国,终于完成夙愿。

时间
前522年

原因
楚平王信谗言杀伍子胥父兄

出逃路线
先奔宋投靠楚太子建,宋国内乱又奔郑,因太子建卷入郑国政变被杀而经陈国,最终到吴国

传奇故事
出昭关一夜白头
长江之滨老渔夫拒七星龙渊,自杀明志
浣纱女赠食,千金投水以报恩
端午节习俗

小人当道,祸端暗生

伍子胥(前559年—前484年),名员,字子胥,楚国人,本为楚国重臣伍奢的儿子,身怀谋略,智勇过人。楚平王(前528年—前516年)即位初期,立公子建为太子,命大夫伍奢为太子太傅,费无忌为太子少傅。

费无忌原是楚平王的嬖臣(宠幸的近臣),十足的一个小人。太子建为人宽厚,尊重伍奢而嫌恶费无忌,这让费无忌对伍奢又嫉又恨。

周景王十八年(前527年),太子建年满15岁,费无忌对楚平王说:"世子建已到了成亲

伍子胥画像镜拓片
镜面上刻画了吴王夫差中计,逼死伍子胥的故事。四乳钉将纹饰分为四组,正下方是吴王夫差端坐帷幄中,双目斜视伍子胥,右旁有"吴王"两字;左面是伍子胥睁目咬牙,须眉怒竖地置长剑于胫下,作自刎状,左上角有"忠臣伍子胥"字样;右面越王执节而立,范蠡席地而坐,旁有"越王"及"范蠡"字样;最上面是勾践献给夫差的西施和郑旦拱手而立。

武员杀府

杨柳青年画，画中"武员"即为"伍员"。伍子胥是楚国大夫伍奢次子，春秋时吴国大夫。据《东周列国志》载：春秋时期，楚平王囚禁伍奢，又写信欲骗其二子伍尚和伍员（即伍子胥）进京以斩草除根。伍员疑心有诈，未去，只伍尚一人进京，结果与父惨遭毒手。平王派军队捉拿伍员，伍员被逼出逃吴国。

年龄。"于是楚平王为太子建聘秦公主孟嬴为夫人，并派费无忌到秦国迎亲。孰料，费无忌见秦公主孟嬴生得十分貌美，遂生一计，讨好楚平王。他回来后对楚平王说："秦公主是个绝代美女，大王不如自己娶了她做夫人，再给太子另说一门亲事。"楚平王本就好色，听了这话心痒难耐，遂不顾儿子的感受，自娶孟嬴，而将孟嬴的侍女充作公主嫁与太子建。

楚平王自娶了孟嬴后，十分宠爱，孟嬴生子，取名轸。费无忌也因此得宠，成了楚平王身边的侍臣。费无忌担心日后太子建知道实情对自己不利，便不断挑唆楚平王与太子建的关系，而楚平王因为娶了原本应该是儿子的老婆，也深感心虚，渐渐疏远了太子建。

周景王二十二年（前523年），楚平王采纳费无忌的建议，派太子建去镇守城父（今属安徽亳州），并命太傅伍奢全家随行。

父兄惨死，家破人亡

太子建去了城父之后，费无忌便经常在楚平王面前说太子的坏话，说他因为秦公主孟嬴的事情，怨恨楚平王。楚平王心里有鬼，也心生嫌隙。次年，费无忌看准时机，诬告太子建和伍奢在城父暗中联系齐、晋为外援，准备发动叛乱。楚平王把伍奢召回来审问，伍奢劝道："大王怎么能听信搬弄是非的小人的坏话，就疏远自己的骨肉至亲呢？"

楚平王把伍奢关押起来，并派城父司马奋扬去杀死太子建。奋扬不忍下手，便派人提前给太子建送信，自己不慌不忙地上路,等他赶到太子建府上的时候,太子建已经逃往宋国。太子建虽未死,但大势已去,费无忌又开始担心伍奢的两个儿子会伺机报复。伍子胥是伍奢的次子,伍尚为长子,两人都是有才能的人。

费无忌借机对楚平王说:"伍奢有两个儿子,都很贤能,如不杀掉他们,将来必是祸患。可以用他们的父亲做人质,把他们召来,然后再一起杀死。"于是两个人定好计谋。楚平王派人给伍尚和伍子胥送信,召他们进宫。伍尚准备前往,伍子胥拦住他说:"楚王召我们兄弟,并不打算让我们父亲活命,又担心我们逃跑,留有后患,所以才用父亲做人质,欺骗我们。我们一到,就要和父亲一块被处死。对父亲的死有什么好处呢?"伍尚说:"我明知去了也不能保全父亲的性命,可是父亲召我们是为了求得生存,要是没有人回应,以后又不能洗雪耻辱,不就成了天下人耻笑的对象吗?"他又对弟弟说:"你比我贤能,可以逃走,将来报杀父之仇全靠你了!而我这就去死了。"说完,洒下泪来。

伍子胥不能劝阻兄长,只得只身逃走。而伍尚回到都城后,果不其然,很快就和父亲伍奢一起被杀害。伍家家破人亡,伍子胥含泪出逃,他听说太子建在宋国,便前往宋国去追随他。

容颜大改,出关奔吴

伍子胥在宋国陪伴太子建逃亡了两年,后来宋国爆发华氏之乱,伍子胥又带着太子建及他的儿子公子胜辗转逃到了郑国。伍子胥与太子建想请郑国派兵帮他们报仇,但当时的郑国国君郑定公没有同意。由于报仇心切,太子建想要联合晋国夺郑定公的权,但计划未实施就泄露,太子建被郑定公杀死。伍子

伍子胥雕像
伍子胥(前559年—前484年),名员,字子胥,本为楚国人,因楚平王听信费无忌谗言,杀其父兄,伍子胥从楚国逃到吴国,因其杰出的谋略和才干,成为吴王阖闾的重臣。

胥无奈，只得带公子胜逃出郑国，准备投奔吴国。

伍子胥和公子胜被迫逃离郑国后，一直过着白天躲躲藏藏、晚上披星赶路的日子，当他们来到吴楚两国交界的昭关时，关上早已是防范森严，官吏们手里都有伍子胥的画像，正在缉拿他。由于心理压力太大，伍子胥一连几夜愁得睡不着觉，连头发也愁白了，容颜也因此大改。当时，有个好心人东皋公，同情伍子胥，把他接到自己家中。

东皋公请来长相酷似伍子胥的好友皇甫讷，将两人调换装扮，让皇甫讷冒充伍子胥过关。守关的逮住了这个假伍子胥，而真伍子胥因为头发全白，容颜尽改，守关的人认不出来，就很顺利地混出了关。

伍子胥出了昭关后，历尽千辛万苦，终于来到吴国，公子光正在想法夺取吴国王位。伍子胥成为公子光的幕僚后，帮公子光杀了吴王僚，公子光自立为王，就是历史上的吴王阖闾。后又协助吴王操练兵马，壮大了吴国的实力。

周敬王十四年（前506年），伍子胥引兵攻楚，大败楚军，终于为父兄报了大仇。

伍员赠剑图
清施桢绘。伍子胥从昭关逃出后，追捕的人赶得很急，逃到江边时，江上有一个渔翁乘着船，知伍子胥很危急，就渡伍子胥过江。伍子胥过江后，解下随身带的宝剑说："这把剑价值百金，把它送给您老人家。"渔翁说："按照楚国的法令，抓到伍子胥的人，赏给粮食五万石，封给执圭的爵位，难道是仅仅值百金的宝剑吗？"最后渔翁竟自刎而死。

前520年—前503年

景王十八年，后太子圣而蚤卒。二十年，景王爱子朝，欲立之，会崩，子丐之党与争立，国人立长子猛为王，子朝攻杀猛。猛为悼王。晋人攻子朝而立丐，是为敬王。

——《史记·周本纪》

王子朝之乱

一个嫡庶有别的继承制度，铸就了王子朝一段可悲的人生。虽然他有勇有谋，深得父亲喜爱，后又得群臣支持，但最终仍在王位的角逐中败下阵来。大诸侯国插手，令周王室之衰微毫无保留地凸显出来。

发生地点
周王室

时间
前520年—前503年

原因
周景王死前遗诏传位庶长子王子朝，但大夫单旗、刘卷怕失去权力，派刺客杀了顾命大臣，拥立太子猛

直接后果
违先王遗诏并刺杀顾命大臣，引发满朝文武愤怒；大臣们集合家兵进攻单旗、刘卷

结果
王子朝及其大臣与周王室一方反复斗争十几年，最终在晋的干预下被平定

王子朝，原名为姬朝，是周景王（前544—前520年）的儿子，人称王子朝。他有勇有谋，深得父亲景王的喜爱，可惜的是，王子朝是个庶长子，按照当时的祖制，无缘太子之位。

虽然周景王按照祖制立了嫡长子姬猛为太子，但从心里对这位太子的能力很不满意。姬猛为人软弱，缺乏王者气度，一看就是一个挑不起大梁的人。于是周景王有了废除姬猛转立姬朝为太子的想法。周景王挑战祖制，在朝堂上提出他的想法时，自然遭到了群臣的极力反对，其中卿士单旗的反对声最为强烈。其理由当然是废立太子关乎国家安危，依照礼法，立嫡不立

单旗像

单穆公，生卒年不详，名旗，伯爵，春秋时期单国国君，在周王室有一定的影响力。周景王死后，为巩固自己的势力，单旗一党与王子朝一党在周王室控制范围内展开拉锯战，双方互有胜负。但是王子朝缺乏与诸侯大国的交往能力，单旗一派逐渐占据上风。其间周悼王因内乱惊扰而病故，单旗一派改立王子匄为周王，即周敬王。最终在晋国的干涉下，王子朝一派被灭。

贤。即便遭到大臣们的反对，但鉴于春秋后期群雄争霸的严峻局势，周景王还是希望让东周拥有一个贤明的君主，最终带领东周走向强大，于是他暗自下定了改立太子的决心。

可天有不测风云，周景王还没有来得及下诏，自己就染上了重病。他知道自己时日无多，便下令封臣子宾孟为顾命大臣，颁布遗诏将王位传于王子朝。之后不久，周景王就去世了。而单旗等老臣担心王子朝一旦登上王位，自己将会失去原有的权势，即刻派出刺客暗杀了顾命大臣宾孟，擅自辅助姬猛登基。软弱的姬猛就这样成为东周第十四代天子周悼王。

单旗擅自杀害先王指定的顾命大臣，这件事一下子引起了满朝文武的愤恨和不满。于是公卿们集合家兵，由大将南宫极统率，攻打以单旗为首的乱臣贼子。周悼王下令平定叛乱，但因为不得人心没有一点作用，单旗等人的兵马很快就被打败。周悼王出逃，向晋国求救。

晋国知道了事情的经过，便收留了姬猛，派军队渡过黄河，直奔洛邑而来。王子朝一看晋军势力威猛，便果断地率领百官转移。很快，姬猛被晋国军队护送着进了王城，不料同年

春秋·青铜句鑃
句鑃（gōu diào）是古时吴越地区的一种青铜打击乐器，形状与编钟有些相似，一般一套由若干件组成，盛行于春秋时吴、越等国。其形似钲，有柄可执，口朝上，以槌击之而鸣。现藏于浙江省博物馆。

就去世了。于是单旗等人又拥立了姬猛的同母弟弟，是为周敬王。

话说晋军撤退以后，王子朝便开始带领军队攻打王城。周敬王敌不过王子朝的军队，再次逃亡于狄泉（今属河南洛阳），而王子朝再次入住王城。自此，周王室陷入了两王并列的局面。周敬王和王子朝互相攻击厮杀，持续交战好几年也没分出胜负。

周敬王四年（前516年），王子朝最倚重的大臣和将军先后去世了。周敬王借机向晋国借兵，王子朝因为敌不过晋军强大的武力，被迫流亡楚国，周敬王又顺利地回到了王城。这时，王子朝之乱初步平定，周敬王成为东周正统。

周敬王十六年（前504年），王子朝余党又在周围攻打周王室，并得到了郑国的帮助。鲁国得到晋国的命令，出兵讨伐郑国。冬天，由于王子朝余党作乱，周敬王又逃出了王城。直到第二年，晋军攻入王城，全部控制了王子朝余党，重新迎回周敬王，王子朝之乱才终于被平定。

> 少年中国史

▶ 前519年

八年，吴使公子光伐楚，败楚师，迎楚故太子建母于居巢以归。

——《史记·吴太伯世家》

鸡父之战

攻其无备，出其不意。鸡父之战中，准备充分的吴国，在严密的部署下，出奇制胜，最终以少胜多，大破楚军，从而逐渐夺取了吴楚战争的主动权。

时间
前519年

地点
鸡父（今河南固始东南）

原因
吴楚争霸，吴国为夺取淮河流域的战略要地州来（今安徽凤台）

参战方
吴国；
楚国、顿国、胡国、沈国、蔡国、陈国、许国

双方指挥官
吴国：公子光
楚国：薳越

结果
吴军大败楚军，胡国国君胡子髡、沈国国君沈子逞被吴军俘虏

吴楚争霸再起

早在周灵王二十六年（前546年），中原诸国第二次弭兵会盟时，吴国没有参加，主要原因就是晋国想联合吴国共同制约楚国，吴国不参加会盟，日后攻打楚国便不受盟约限制。后来吴国日益强大，楚国成为它进入中原首要攻击的目标，在吴王寿梦到吴王僚执政的60年间，吴、楚多次发生战争，双方互有胜负，地处淮河流域中心的州来（今安徽凤台）成为吴国进攻楚国的焦点。

周敬王元年（前519年），吴王僚与公子光（即后来的吴王阖闾）率吴军再次攻打楚国州来，双方战争再起。当时正值秋七月，楚平王得知消息后，责令楚将司马薳越率领由楚、顿、胡、沈、蔡、陈、许组成的七国联军

春秋巢车（模型）
巢车是一种专供观察敌情用的瞭望车，车上用坚木竖起两根长柱，柱子顶端设一辘轳轴（滑车），用绳索系一小板屋于辘轳上，车底部装有轮子，可以自由推动，四面开有瞭望孔，外面蒙有生牛皮，以防敌人矢石破坏。屋内可容纳两人，攻城时可观察城内敌兵情况。

去援救州来，并派有病在身的楚国令尹阳匄亲自督师。吴王担心楚联军的实力过于强大，便火速撤离州来，移师钟离（今安徽凤阳东），以保存实力，伺机行动。然而，就在这时，进军途中的楚军发生了一个变故，令尹阳匄因病情恶化，死于军中，楚军一时失去主帅，士气顿时低落。司马蒍越见状，无奈之下率军返回鸡父（今河南固始东南），准备休整后再做下次行动的打算。

鸡父位于大别山西北方向的山脚下，是当时楚国东部的军事重镇。这个地方是淮河上游的要塞，它将胡、沈、陈、顿、项、蔡、息、江、道等小国都屏列在西北。楚国占据这个地方，不但可以有效地对付吴国，进可以战，退可以守，而且也可以有效控制淮颍地区的诸小国，由此维护其东方的势力范围。而倘若被吴国控制该地，则不仅可驱逐楚国在淮颍地区的势力，从而控制其周围小国，而且能够从此地顺利进入大别山区，为日后攻打楚国腹地做充分的准备。所以，鸡父在吴楚战争中占据重要的位置，得鸡父者占先机。

制订奇袭计划，等待战机

吴公子光收到楚军统帅阳匄已故的消息，又看楚联军败退，觉得这是吴军胜敌的好时机，他向吴王僚提议赶紧

春秋·吴王光鉴
1955年出土于安徽寿县蔡侯墓，现藏于中国国家博物馆。鉴是一种大型盛水器，此器为吴王光，即吴王阖闾为自己要出嫁的女儿叔姬所作，当时蔡、吴两国相互通婚，器卜铭文写的是吴王阖闾对女儿的教导，希望她出嫁之后要恭敬长辈、谦让同辈、慈爱晚辈。

率军尾随楚联军，以待战机。

公子光分析道："虽然附属于楚国的诸侯国很多，可算来均是些小国，而且都是被楚国胁迫而来，存在各自的弱点。比如胡、沈两国国君年幼且骄狂；陈国大夫夏啮年轻力壮但愚昧顽固；顿、许、蔡等国虽然跟随楚国，却都暗自对楚国的政令心存不满，一直憎恨楚国的压迫。再看楚国内部，主帅令尹去世，司马蒍越资力尚浅，军心必定涣散。由此推断，七国虽然共同参加战斗却各自存有异心，无法齐心协力，且又没有威慑人心的统一政令。虽然看上去敌强我弱，但是打败楚国希望还是挺大的。"

公子光的分析入情合理，吴王僚听后欣然采纳，并制定出了具体周密的作战方案：迅速带兵向楚联军逼近，并决定到达鸡父战场后的第二天便发起进

攻，乘敌军毫无防备之时，以奇袭先发制人。在兵力部署上，吴军先用一部分兵力牵制胡、沈和陈国的军队，以此制造混乱局面，分散其他诸侯国兵力，最后集中进攻楚军主力。此外，吴王还与众将约定，在作战中采取灵活战法，先让带头军队放松戒备，削弱军威，后续部队则巩固军阵整顿师旅，给楚联军以出其不意的打击。

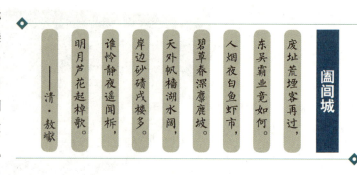

阖闾城

废址荒烟客再过，
东吴霸业竟如何。
人烟夜白鱼虾市，
碧草春深麋鹿坡。
天外帆樯湖水阔，
岸边砂碛戍楼多。
谁怜静夜遥闻柝，
明月芦花起棹歌。

——清·敖巘

借"晦日"出兵，吴军全胜

吴军迅速赶至鸡父，第二日是农历七月二十九，这一天称"晦日"，古代迷信，晦日不打仗。但吴军突然出现在鸡父战场，此举完全出乎楚司马薳越的意料，仓猝之中，他让胡、沈、陈、顿、蔡、许六国军队列为前阵，以此来掩护楚军。而吴军阵营中，吴王僚率领中军，公子光率领右军，公子掩余（吴王僚的弟弟）率领左军，这些主力部队埋伏在附近，先不出战，而以不习战阵的3000囚徒为诱兵，攻打胡、沈、陈诸军。双方交战时间不长，未经过任何军事训练的吴国囚徒很快散乱溃逃，胡、沈、陈三国军队不知是计，贸然追击，捕捉战俘，纷纷进入了吴军主力预定的伏击圈。

这时，吴三军一看时机成熟，从三面突然出击，胡、沈、陈三国军队大乱，很快被埋伏的吴军杀得惨败。吴军俘杀了胡、沈两国的国君和陈国的大夫夏啮，又故意将所俘获的三国士卒放走，令其逃回本阵。这些士卒侥幸活下来，便纷纷狂奔，口中还不停叫嚷："我们的国君死了，我们的大夫死了。"

许、蔡、顿三国军队见此状况，一下子军心涣散，阵势不稳。这时，吴军遂乘胜领兵击鼓呐喊，冲杀许、蔡、顿三国的军队，三国之师的阵势本已动摇，又见吴军蜂拥而来，士卒们惶恐不安，流汗奔逃，乱作一团，不战而败。由于当天是晦日休军，楚军还没来得及列阵迎战，就被惊慌逃亡的许、蔡等诸侯军所扰，不战自乱。待吴军攻来，楚军已无回天之力，迅速陷于溃败。鸡父一战，吴军大获全胜，并乘胜攻占了州来。

这一战，楚国遭到沉重打击，吴国占据了进可攻退可守的有利地势，在吴楚争霸中渐趋于主动，而楚国则陷于被动，鲜少再主动攻打吴国，进入消极防守的状态。

徐肴尹汤鼎

1982年绍兴306号墓出土,现藏于浙江省博物馆。徐国(今山东郯城地区)由夏朝辅佐禹治水有功的伯益的儿子若木所建,一直到西周都是强大的诸侯国之一。春秋时,被楚国和吴国不断蚕食属国而衰弱,终因二公子事件被吴王夫差所灭。肴尹是徐国管理祭祀的官衔,从对上面44字的铭文解读看,它是徐国的肴尹用来祭祀祖先神灵的,表达牢记亡国之耻。

▶ 前515年

酒既酣，公子光佯为足疾，入窟室中，使专诸置匕首鱼炙之腹中而进之。既至王前，专诸擘鱼，因以匕首刺王僚，王僚立死。

——《史记·刺客列传》

鱼腹内的杀机

这是历史上一次最有名的美食刺杀活动，让人垂涎的鱼腹之中藏着一把锋利无比的匕首，在所有的感官都被眼前的美味吸引之时，惊鸿突现，历史的进程就此被阴谋者改变了。血染当场，王位易主。

主角
专诸

籍贯
吴国棠邑（今南京六合区西北）

职业
屠户、刺客

时间
前515年

刺杀目标
吴王僚

指使者
公子光（吴王阖闾）

策划者
伍子胥

武器
鱼肠剑

方式
鱼腹藏剑，出其不意

结果
吴王僚被刺死，专诸亦被吴王僚的侍卫所杀

伍子胥荐专诸

伍子胥全家遭楚平王所害，他发誓要报此血海深仇。这日，伍子胥在吴国的街市上看见一名大汉正与人厮打，酣战不休，周围人谁劝都不听。可来了一位老妇人，只轻轻喊了一声，大汉马上收起拳头站到她身边去了。伍子胥深感惊异，问过旁人才知道那老妇人是大汉的母亲，伍子胥闻听十分敬佩，立刻去查访大汉来历。

原来这大汉名叫专诸，吴国人，屠户出身，力大善战，本领高强，对母亲极为孝顺。伍子胥觉得此人是一位敢于赴难的勇士，与他结为朋友。

京剧脸谱之专诸
专诸，春秋时吴国棠邑（今南京六合区西北）人，中国古代名刺客之一，以一把鱼肠剑刺杀了吴王僚，自己也被吴王僚的侍卫杀死。公子光自立为王后，作为回报，以专诸的儿子为卿。此脸谱以红色表现专诸的血性，以黑色显示刺客的豪爽性格，额头上的黄色点出了专诸的勇猛。

后来，伍子胥去见吴王僚，游说他攻打楚国。他说了许多攻打楚国的好处，并建议让公子光去做这件事。公子光不同意，他对吴王僚说："伍子胥劝您去打楚国是出于私心，他想借咱们吴国帮他报仇而已，而且攻破楚国远不是他说得那么容易。"公子光的这番话让吴王僚打消了攻楚的念头。

伍子胥得知自己的计划受到公子光的阻挠，明白公子光不想出兵的原因是想除掉吴王僚自立为王，所以不愿在此刻将力气浪费在他国。原来，公子光的父亲原为吴王诸樊，他想把王位传给四弟季札，所以不设太子，而是按弟弟们的排序一个个传下去，谁知道季札淡泊名利，不想做国君，在他三哥馀昧死后，逃离了吴国。这样，王位就被传给了馀昧的儿子僚，称吴王僚。而公子光原本该为太子，继承王位，现在却只能屈居人下，他心中十分不平，就有了废

虎丘剑池

位于江苏苏州姑苏区虎丘山，相传为吴王阖闾墓，崖左壁篆文"剑池"二字传为书法家王羲之所书，右壁所刻"风壑云泉"传为宋著名书法家米芾所书。据方志上所记，剑池下面即是埋葬吴王阖闾的地方，陪葬的有3000把宝剑。

鱼肠剑的来历

鱼肠剑，一把鱼藏剑，为专诸刺吴王僚所用的匕首。此剑为春秋战国时期铸剑大师欧冶子所铸，传说剑身上有如鱼鳞般的纹路，是打造时程序繁多所致，锋利非常，可连透铁铠三重。又因其最终藏于鱼肚中，所以被称为"鱼肠剑"。据《越绝书》记载，铸剑大师欧冶子曾为越王允常铸了五柄宝剑，分别是湛卢、纯钧、胜邪、鱼肠和巨阙。鱼肠剑造成的时候，善相剑的薛烛被请来相剑，他说鱼肠剑"逆理不顺，不可服也，臣以杀君，子以杀父"。后来越国将其作为宝物进献给吴国。当公子光命专诸刺杀吴王僚时，将此剑藏于烤好的鱼腹中，专诸在献鱼时一举刺杀了吴王僚。公子光即位后将此剑函封，永不再用。

欧冶子

欧冶子，春秋末期至战国初期越国人。中国古代铸剑鼻祖。据《越绝书》记载，他曾为越王允常铸了五柄宝剑：湛卢、巨阙、胜邪、鱼肠、纯钧；为楚昭王铸了三柄名剑：龙渊、泰阿、工布。其女儿名为"莫邪"，而"干将"为其女婿。

吴王僚自立的念头。

伍子胥洞晓了公子光的心思，遂把专诸介绍给他，助他完成这件大事。公子光得到专诸这样的人才，十分高兴，给他各种礼遇，对他的母亲也是十分尊敬，并给予各方照料。专诸十分感激，表示愿意去行刺吴王僚，用性命报答他。

鱼肚藏剑

壮士一诺千金，但如何行刺却让专诸犯了难。因为吴王僚防备心极重，外人不要说行刺，连靠近他左右都很困难。但功夫不负有心人，经过仔细调查，公子光和专诸发现吴王僚爱吃烤鱼，他们最终想出了把短剑藏在鱼肚子里行刺的办法。为让行刺计划顺利进行，专诸还专门前往太湖，学得一手出神入化的烤鱼手艺。

周敬王五年（前515年），楚平王病死，吴王僚见有称霸的机会，立刻派他的兄弟掩余、烛庸二人起兵伐楚，同时派他的儿子庆忌去攻打郑国和卫国，又让另一个儿子去晋观察中原局势。打着如意算盘的吴王僚却没料到他的两个兄弟被困国外，其他亲信也因为各种原因不得回转，他身边一时竟没有了得力之人。

一直蓄势待发的公子光见此机会，立即准备动手。四月，公子光先安

中国古代十大名剑

排名	名字	后世形容	传说铸造师
第一	轩辕夏禹	圣道之剑	众神
第二	湛卢	仁道之剑	欧冶子
第三	赤霄	帝道之剑	—
第四	泰阿	威道之剑	欧冶子和干将
第五	七星龙渊	诚信高洁之剑	欧冶子和干将
第六	干将（雄）	挚情之剑	干将
第七	莫邪（雌）	挚情之剑	干将
第八	鱼肠	勇绝之剑	欧冶子
第九	纯钧	尊贵无比之剑	欧冶子
第十	承影	精致优雅之剑	慕容任和秦仕炎

《专诸刺王僚》画像石拓片
周敬王五年（前515年）四月，吴国公子光趁吴王僚伐楚之机，设宴邀请吴王僚，并派刺客专诸伺机行刺。因吴王僚亲兵保卫森严，专诸把匕首藏于熟鱼腹中，上菜时刺死吴王僚，公子光夺取了政权，为吴王阖闾。

排百名盔甲武士埋伏在地下室，又命令伍子胥暗中招募死士百人，在外接应。一切就绪后，他向吴王僚发出邀请，说有太湖送来的美味烤鱼，知道吴王僚喜欢吃，特地请他赴宴品尝。

吴王僚深好此味，遂接受邀请，但因之前已经被刺杀多次，他怕公子光这次有阴谋，所以赴宴时做了严密的安保措施，从里到外都安排站满盔甲武士，让他们举着长戟，揣着快刀，以防不测。

酒过数巡，公子光假装突然脚疾发作要用布包裹，退席躲入地下室。过了一会儿，伪装成厨师的专诸手托菜盘前来向吴王僚敬献烤鱼，武士用快刀架在专诸的肩膀上，他只能赤膊跪地用膝盖爬向吴王僚。等爬到吴王僚座前，专诸猛地剥开鱼腹，拔出藏在里面的"鱼肠剑"，狠狠地刺向吴王僚。这一刺力透脊背，吴王僚惊呼一声，当场死亡。旁边的卫士见状，一拥而上，杀死了专诸。公子光见专诸得手，马上下令所有埋伏的兵丁行动，将吴王僚的卫士一网打尽。

公子光杀了吴王僚以后，便自立为吴王，即吴王阖闾。当上国君的公子光作为回报，封专诸之子专毅为上卿，还给专诸修了一座优礼墓，又将鱼肠剑作为宝物封存，永不再用。

春秋·彩绘几何纹四系三足壶
灰色硬陶。壶敞口，折沿，短颈，溜肩，圆鼓腹，肩部两侧饰对称双兽耳和对称桥形耳，平底，底下饰三兽足。红彩装饰，颈部绘曲折纹。腹部刻弦纹三道，红彩绘三角形纹饰。现藏于美国弗利尔美术馆。

> **前506年**

（吴国）西破强楚，入郢；北威齐、晋，显名诸侯，孙子与有力焉！

——《史记·孙子吴起列传》

柏举之战

两军交战，主帅为重。这一次，机会偏爱了吴国，兵圣孙武的华丽出场让强敌楚国也目瞪口呆，一败涂地的楚国不但丢了国都，而且还差点被灭了国。这是楚国自建国以来遭遇的最惨重的浩劫，累累白骨之上，吴王阖闾创立了自己的霸业。

时间

前506年

地点

柏举（今湖北麻城）

动机

表面上是吴国以解救蔡国为名，出兵攻入楚国，实际上是一场蓄谋已久的打击楚国的作战计划

参战方

吴国、楚国

双方指挥官

吴国：阖闾、孙武、伍子胥、夫概、伯嚭；
楚国：楚昭王、囊瓦、沈尹戌、大夫黑、史皇

参战方兵力

吴国：3万人
楚国：20万人

结果

吴国大胜，此役为吴国称霸中原奠定了基础

分师扰敌，"疲楚误楚"策略

春秋时期的中原之地，南有富庶的楚国，北有老大哥晋国，两大强国都想争霸。老牌强国晋国想通过扶持南方新兴的吴国，给楚国背后捅一刀，借此牵制并削弱楚国。

晋国扶持吴国后，派人帮助吴国建立起作战队伍，教授乘车、御射、列阵等作战技能。在晋国的扶持下，吴国日渐兵强国富，时任吴国君主寿梦（吴侯去齐之子，前585年—前561年在位）便开始自号吴王，与楚国争夺江淮地区的控制权。

在近60年的时间里，吴楚双方先后发生过十次大规模战争，吴军全胜六次，楚

兵圣孙武

孙武（约前545年—约前470年），字长卿，春秋末期齐国乐安(今山东广饶)人，后由齐至吴，由伍子胥举荐，向吴王阖闾进呈所著兵法十三篇而受到重用。在柏举之战中，曾率领吴国军队大败楚国军队，占领楚国都城郢城，几近覆亡楚国。其巨著《孙子兵法》为后世兵法家所推崇，被誉为"兵学圣典"，他本人也被尊称为"兵圣""百世兵家之师"。

军全胜一次，其余三次打平。周敬王五年（前515年），公子光派人杀死吴王僚，夺得吴国王位，史称吴王阖闾。阖闾继位后，任用楚国亡臣伍子胥为谋士、齐人孙武为军师。

伍子胥分析，楚国幅员辽阔、人口众多，尽管国力出现衰败迹象，但军事实力仍然强大，吴国不占据任何优势。他建议将吴军分为三支，轮番骚扰楚军，让楚国官兵疲于奔命又摸不着头脑。这一想法得到吴王阖闾的支持，于是在孙武安排的战略战术下，吴军轻松地麻痹了楚国，并使其放松了警惕。吴军长达6年的疲劳战术令楚军疲于应战，兵力耗尽，这些都为后来的柏举之战奠定了基础。

吴军救蔡伐楚

此时，蔡、唐两国国君蔡昭侯、唐成公皆与楚国发生嫌隙，遂背离楚国，转而结盟于晋、吴，并在周敬王十四年（前506年），发起讨伐楚国的号召，与晋、齐等在内的18国会盟，共谋伐楚。

同年四月，晋国指使蔡国攻伐楚国的附属国沈国，引诱楚国出兵作战。楚国自然不甘示弱，在当年秋天发兵围了蔡国，吴国正好师出有名，以解救蔡国同盟为由，要倾尽全力攻楚。这时

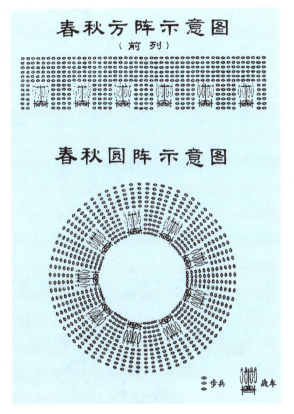

春秋阵列示意图

中国先秦军阵有圆阵和方阵两种基本阵形，可随时转化。方阵由军队的直线队列转化而来。到达战场后，首先是中军把自己排列成方阵，王者居中。接着前军围绕中军排列成方阵，把中军嵌套在里边。再接着后军围绕前军排列成方阵，把前军和中军嵌套在里面。这就是一个"回"字形军阵。

候，吴国可调用的兵力一共才3万人，而楚国尚拥有20万的兵力。

周敬王十四年（前506年）冬，吴王阖闾以孙武为将，率大军出征楚国。孙武（约前545年—约前470年），齐国人，深谙兵法，所著《兵法十三篇》被后世尊为"兵学圣典"。之前，他由伍子胥推荐，受到阖闾重用。

吴军乘船沿淮水西进，进抵淮汭

春秋·青铜盘
盛水器，敞口浅腹，双立耳，高圈足。腹部饰夔龙纹，足部饰垂莲纹。现藏于美国弗利尔美术馆。

（今河南潢川）后，孙武突然决定舍舟登陆，由向西改为向南。伍子胥不解其意，孙武答道："用兵贵在神速，只有走敌人料想不到的路线，才会令敌人措手不及。如果继续逆水行舟，速度迟缓，给了楚军加强防备的时机，那样对作战十分不利。"

伍子胥点头称赞，于是孙武挑选3500名精锐士卒为前锋，迅速地穿过楚北部，直趋汉水，深入楚腹地，不出数日，挺进到汉水东岸，达成对楚的战略奇袭。此前，吴国的"疲楚误楚"战略已成功地麻痹了楚国，所以当吴军迂回深入楚国腹地之时，楚国惊慌，仓促派军赶至汉水布防，阻止吴军渡过汉水攻至都城。

楚国的领兵将领包括令尹子常、左司马沈尹戌（楚庄王曾孙）、武城大夫黑。沈尹戌冷静分析局势，主张主动进攻，借兵力优势攻打吴国孤军深入的劣势。他部署令尹子常与吴军周旋，自

孙氏隐啸园七章·其五

青毡美人营，匝窗荷万茎。
鸳鸯迎榜出，翡翠蹋烟行。
武子有新庙，阖闾无故城。
指麾春女队，忆昔教吴兵。

——清·姚燮

己去方城（起自今河南叶县西南，蜿蜒至泌阳东北的一条长城）调配兵力，攻打吴军侧后方，摧毁吴国船只断其后路，从而形成与令尹子常部队的前后夹击之势，一举歼灭吴军。本来计谋稳妥，兵力占优，楚国没有战败的理由，但是武城大夫黑跟令尹子常竟然变更作战计划，好好的作战方略被毁了。

正当沈尹戌赴方城调兵之际，武城大夫黑开始从中作梗，主张速战速决，加之令尹子常贪功求胜心切，一拍脑袋就改变了沈尹戌的夹击吴军计划，

春秋吴楚之战

要素	分析
性质	争夺对江淮流域的控制权
双方情况	吴国位于长江下游，农业、兵工、造船及手工业发达；楚国为江汉流域霸主，农业、商业、兵器及文化发达，国力强盛
起因	晋楚争霸中，晋实行联吴制楚战略，对吴国发展大力支持；吴国为了扩张势力，不断配合晋攻楚
经典战役	公元前519年鸡父之战、公元前508年豫章之战、公元前506年柏举之战
胜负情况	公元前506年，吴楚决战，孙武率领吴军大败楚军，攻入楚国都城郢，楚昭王逃到随国；在秦国帮助下，楚收回都城复国，但随后又败于吴国，不得不迁都
影响	楚国国力大减，再也无力北上争霸；吴国有了争霸中原的实力

擅自率军横渡汉水攻击吴军。而此时，沈尹戍还在调兵的路上。吴国君臣早已得知楚军夹击之策，眼看令尹子常渡河而来，担心腹背受敌的吴军采取沿汉水东岸后退的策略。令尹子常见此情形，断定吴军畏难而逃，急率部下追击，不料三战楚军皆败，楚军士气大跌。

当吴军施展欲擒故纵策略时，楚军争相渡河，结果在渡到一半的时候被吴军击打，溃不成军。

吴军追击楚军至雍澨（今湖北京山西南），与回援的沈尹戍部相遇。沈尹戍率部奋力拼杀，击败了夫概。但很快吴军主力赶到，孙武指挥部队迅速将沈尹戍部包围，沈尹戍不愿意被俘，就让部下割下自己的首级，楚军失去主帅，更加溃败。此后，吴军势如破竹，楚昭王得知兵败，仓皇而逃。而楚军得知自己的国君出逃，也都四散逃命。同年十一月，吴军攻入楚国都城郢（今湖北荆州市荆州区城北），吴国由此声名大震，创造了春秋时代以少胜多的著名战例。此后，吴王阖闾称霸，成为"春秋五霸"之一。

对阵柏举，吴军以少胜多

吴军战胜之际，于柏举（今湖北麻城）对阵楚军。阖闾的弟弟夫概率5000人马猛攻楚国令尹子常的军队，楚军大溃败，子常弃军而逃，大夫史皇战死。阖闾乘势发起全面攻击，追击楚军残部。这时，夫概建议在楚军渡江中途实施攻击，事实上也的确如夫概所料，

柏举之战后楚国情况

柏举之战楚国战败后，楚昭王先是出逃到云梦，但云梦人没认出他来，反而射伤了他。楚昭王就逃到鄅国，结果鄅公的弟弟企图谋杀他，没办法，他又再次逃亡，带着鄅公一起到随国才算安定下来。伍子胥入楚都郢后，没找到楚昭王，找到楚平王的墓，开棺鞭尸300下，以泄心头之恨。楚国大夫申包胥得知伍子胥作为后，派人指责他，伍子胥回他因日暮途远，故要倒行逆施。申包胥就跑到秦国去求救，秦哀公反感楚王的无

道，不愿意出兵，申包胥就在秦宫门外痛哭了七天七夜，终于感动了秦王，派大将领兵助楚复国。

当时，越国趁吴国国内空虚之机，攻入吴国境内，秦也来势汹汹，正在吴王阖闾头痛的时候，他的弟弟夫概却悄悄潜回吴国发动叛乱，企图自立为王，不得已，吴王阖闾撤出楚国，率兵回国。此后，吴楚之间再无大的战事爆发，吴国把注意力转移到越国方面。

东周·青玉双龙佩

青玉质,雕刻成双尾相连,双头相背状,勾云形纹装饰,玉质温润,光泽度强。现藏于美国哈佛大学博物馆。商周时期,龙纹作为"天命神授"的象征常常出现在青铜器上,进入东周后,由于诸侯争雄,龙纹越来越多地出现在玉佩中,成为贵族和诸侯们必不可少的佩饰之一。

> 约前571年—前471年

老子者，楚苦县厉乡曲仁里人也，姓李氏，名耳，字聃，周守藏室之史也。

——《史记·老子韩非列传》

老子与《道德经》

天之道，利而不害；圣人之道，为而不争。老子出世，道家生根。函谷关前，五千字的《道德经》流传至今，引无数后人为之痴迷；青牛之旁，仙风道骨的太上老君化生诸天，创万道之宗。

主角
李耳

别名
老子、老聃

籍贯
楚国苦县厉乡曲仁里（今河南鹿邑）

职业
曾为周朝史官，哲学家

学派
道家（道家学派创始人）

著名思想
朴素辩证法、无为而治、性命双修

巨著
《道德经》

年少聪颖，入周求学

老子在政治上主张"无为而治"；在思想上主张"性命双修"；在哲学上主要提倡用辩证的思想思考问题。这些思想在两千年来的历史长河中不断闪耀着智慧的光芒，对中华民族产生了深远影响。

老子所著的《道德经》，是中国历史上最伟大的名著之一。据联合国教科文组织统计，除《圣经》外，《道德经》是被译成外国文字发行量最多的文化名著。

关于老子的身世，史学家说法不一，但关于他的故事与典故千百年来流传下来，受后世敬仰与传诵。

泉州老子像

老子（约前571年—前471年），字伯阳，谥号聃，又称李耳，楚国人，中国古代最伟大的哲学家和思想家之一，道家学派创始人。老子在出函谷关前著有五千言的《老子》一书，又名《道德经》或《道德真经》，被认为是对中国人影响最深远的三部思想巨著之一。

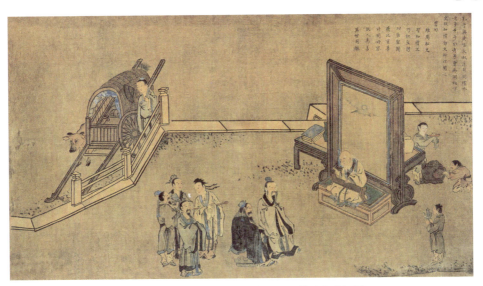

《孔子问礼于老聃》图
明人所绘。春秋时，孔子曾问礼于老聃。两位学者见面之后，彻夜长谈，分别时老子又送了很多中肯的话给孔子，让孔子受益匪浅，孔子回鲁国后跟弟子们感叹：老子给他的感觉就像神龙见首不见尾，像天上的龙一样。

老子年少聪颖，勤于思考，对国家兴衰、祭祀占卜、宇宙天象等都有着浓厚的兴趣。他年幼之时，拜精通殷商礼乐的商容老先生为师，常与老师讨论问题，悟性颇高。

从师三年，商容自觉才学有限，情愿带老子入周求学。老子泪别母亲，随商容来到周国。他博览《诗》《书》《易》《历》《礼》《乐》，在思想与学识上都有了飞跃，为其后来创建道家学派、创作《道德经》打下了很好的基础。

孔子问礼

老子学识广博，声名远扬，周景王二十二年（前523年）的一天，孔子入周求教。老子对孔子颇为赏识，亲自传授他乐律、乐理，并带他走访宗庙。

两人交谈甚欢，由宗礼谈到人生、宇宙，老子告诉孔子"上善若水：水善利万物而不争，处众人之所恶，此乃谦下之德也"。这次问礼，孔子受益匪浅，他带着这些深刻的思想，恋恋不舍地返回鲁国。其后，孔子对弟子说："龙乘风云而上九天也！吾所见老子也，其犹龙乎？学识渊深而莫测，志趣高邈而难知；如蛇之随时屈伸，如龙之应时变化。老聃，真吾师也！"表达了对老子的崇敬之情。

函谷著书

周敬王四年（前516年），周王室发生内乱，老子蒙受失职之责，受牵连辞官归隐，骑着青牛，一路向西，欲出函谷关，西游秦国。

《道德经》抄卷（局部）

元时书法家赵孟頫小楷书法代表之作，现藏于北京故宫博物院。老子所著的《道德经》内容涵盖哲学、伦理学、政治学、军事学等诸多学科，被后人尊奉为治国、齐家、修身、为学的宝典，被称为"万经之王"。

老子出生之谜

相传，老子寄胎于理氏腹中。有一日，理氏在村头的河边洗衣服，忽感口渴难耐，看见黄澄澄的李子顺着河水上游漂下来。于是，她连忙用树枝将李子捞上岸来，吃了下去。没几日，理氏便有了身孕。少女怀孕本就是怪事，更奇怪的是，胎儿一怀就是81年，81年后，理氏在李树下产下一名男婴。也许是因为待在腹中的时间太久，这男婴一生下就须发皆白，俨然一位老者相貌。因此，理氏给他取名为"老子"。老子生下来就会说话，并给自己规定姓氏为"李"。同时，因为老子出生时耳朵极大，所以取名为"李耳"。

函谷关守关官员尹喜，博览群书，有观测天象的喜好。一日，他见紫气东来，预感将有圣人到来，果然等来了老子。尹喜礼待圣人，老子感其诚恳，同意著书以流传自己的思想。

老子以王朝兴衰成败、百姓安危祸福为起点，著成五千言的《道德经》。《道德经》分为上、下两篇。上篇起首为"道可道，非常道；名可名，非常名"，故人称《道经》。下篇起首为"上德不德，是以有德；下德不失德，是以无德"，故人称为《德经》，

老子骑牛图

明张路绘,现藏于中国台北"故宫博物院"。画中老子坐于青牛背上,手持《道德经》卷,正抬眼注视着一只飞蝠。

上下篇合称为《道德经》。其中,《道经》主要讲宇宙本原,天地变化,老子主张要"道法自然";下篇《德经》,主要讲述处世之方,老子主张要"无为而治",同时要用辩证的思想思考问题。

《道德经》中的思想,为后人所推崇,无论是西汉初推行的"无为而治",还是我们今天倡导的"人与自然和谐相处",无不体现了老子的思想。

《御注道德经》书影
清顺治十三年(1656年)内府刻本。《御注道德经》为清朝官修《道德经》,清世祖顺治帝御撰注文,共2卷,分为上下篇。每页8行,每行16字。《道德经》本为先秦道家思想的代表作,后被道教尊奉为创教的经典。

哲学思想

老子认为宇宙中的一切事物都遵循"道"的规律,并认为"道生一,一生二,二生三,三生万物"。在政治上,老子提出"无为"的思想,并认为

"无为"可以胜"有为"。

同时,老子的朴素辩证法思想,也是中国哲学史上的一个突破,他认为万事万物都是可以相互转化的,并提出了"福兮祸之所倚,祸兮福之所伏"的思想。

老子提出要顺应天性,他认为每个事物生来都有自然之性,自然之性的展现就是这个事物的自然。在道家看来,"自然"是万物的最佳状态,"道"通过万物的"自然"表现出来。

老子一生与世无争,善于修身养性,相传其长寿至101岁左右。他去世时,很多人前来吊唁。友人知其心性,以哭号三声向其吊唁:一号,言其生而应时,合自然之理;二号,言其死而应时,合自然之理;三号,言其在世传自然无为之道,合自然之理。

老子授经图

元吴睿绘,现藏美国纽约大都会艺术博物馆。老子曾做过周王室管理藏书的史官,看到周王朝衰败不堪的景象,就准备离开故土,出函谷关去四处云游。当时函谷关的长官尹喜请求老子留下一部著作再走,老子就写了五千字的《道德经》交给尹喜,随后骑着大青牛走了。此图正是尹喜拜见老子的场面。老子仙风道骨,须发皆白,神安气闲。

> 前551年—前479年

孔子生鲁昌平乡陬邑。其先宋人也,曰孔防叔。防叔生伯夏,伯夏生叔梁纥。纥与颜氏女野合而生孔子,祷于尼丘得孔子。

——《史记·孔子世家》

圣人出，黄河清

传说黄河水五百年变清一次，甚至还有"千年难见黄河清"的说法。常年混浊的河水，如果变得清澈，罕见之外透着的是祥瑞的征兆。传说孔子降世那天，黄河之水就变清澈了。

姓名
孔子

出身
殷商王室、鲁国地方大夫之家

籍贯
鲁国陬邑（今山东曲阜）

职业
哲学家、教育家

学派
儒学

主攻领域
伦理学、社会哲学

仪容特色
身高九尺六寸，头顶中部隆起

后世尊称
孔圣人、万世师表、大成至圣先师

孔子的先世是宋国的贵族，微子之后，从先祖孔父嘉开始以孔姓，曾祖父因政治斗争原因逃到鲁国。其父叔梁纥为鲁国陬邑大夫。正妻施氏生了九个女儿，后续了一妾，生了长子孟皮，然而孟皮却先天患有足疾。在古时官宦世家，患有严重残疾的人是不能担当传嗣的重任的。相传，72岁那年，叔梁纥娶了18岁的颜徵在。由于两人年龄相差巨大，在当时于礼制不合，被史书称之为"野合"。

当时颜氏孕前听闻尼丘山颇具灵气，于是夫妻二人便经常前往尼丘山祈祷，希望能早日诞下一子。一日，颜氏梦见一位垂髫的仙女，手牵着一只满身龙鳞的独角兽，背上坐着一个孩子。仙女言："此兽名曰麒麟，专为送子而来。"颜氏拿起自己的腰带系上麒麟的脖子，却不想麒麟突然大怒。龇牙咧嘴的模样让颜氏大惊，睡梦中醒来已满头大汗。

叔梁纥塑像
位于河南夏邑孔子还乡祠。叔梁纥（前622年—前556年），孔子之父，人品出众，博学多才，能文善武，曾官陬邑大夫。与鲁国名将狄虒弥、孟氏家臣秦堇父合称"鲁国三虎将"。

钧天降圣
出自明人所绘《孔子圣迹图》。后人为孔子编纂的灵异故事，说孔子出生时，母亲颜氏在房中听到天上有仙人奏乐，还听到空中有人说："天感生盛子，故降以和乐之音。"又传说孔子生下来就与凡人不同，身上有49种标记：如日角月准、河目海口等，胸间还有"制作定世符"文字等。

第二天，颜氏将此事告知叔梁纥，叔梁纥安慰妻子道："传闻文王出生，其母也梦麒麟送子。此乃吉兆，夫人不必过于担心。"果然，后来颜氏怀了身孕。夫妻二人为了感谢上苍的眷顾，经常去尼丘山还愿。周灵王二十一年（前551年）九月一天，狂风大作，叔梁纥与颜氏夫妻二人还愿途中躲避在半山腰的山洞里，也是在这里，颜氏诞下一子，就是圣人孔子，这个山洞也被后人称为"夫子洞"。随着洞内婴儿呱呱坠地，奇怪的事发生了，滔滔黄河水由原来的混浊不堪变得清澈见底。

孔子3岁时，叔梁纥去世，颜氏移居曲阜阙里，母子俩相依为命，生活过得极为艰辛。但鲁人好礼的习俗却深深地影响了他，幼年的孔子常将祭祀用的礼器（俎豆）摆设起来，练习行礼演礼，作为一种游戏。

15岁时，孔子立志向学，遂养成了博学、好闻、审思、明辨的精神，两年后，母亲颜氏去世，孔子把父母合葬于鲁国东部的防山。19岁的孔子成为鲁国贵族季孙氏的家臣，为其做文书、委吏和乘田等小吏，管理仓储和畜牧，计算账目。他娶宋人亓官氏为妻，第二年，亓官氏就为他生了个儿子。听闻消息的鲁昭公派人送鲤鱼来表示祝贺，该子便名为孔鲤，字伯鱼。

23岁开始，孔子的名声大了起来，有人愿意把子弟送来，做他的学生。他也开始在乡间收徒讲学，30岁左右时，他有了自己的第一批学生，其中包括后来著名的子路、颜回的父亲颜路、曾参的父亲曾点等。

前498年

定公十三年夏，孔子言于定公曰："臣无藏甲，大夫毋百雉之城。"使仲由为季氏宰，将堕三都。

——《史记·孔子世家》

孔子堕三都

齐鲁夹谷之会后，鲁国地位以外交胜利而提高，孔子声望也大涨，以大司寇身份摄相事。为摆脱鲁君受"三桓"控制、"三桓"又受家臣威胁的局面，他开展了轰轰烈烈的"堕三都"活动，虽然最终以失败告终，客观上起了强公室弱季氏的作用。

时间
前498年

提议者
孔子

合谋者
鲁定公、季孙氏、孟孙氏、叔孙氏

目标
"三桓"家臣

方式
拆毁"三桓"势力城堡的围墙

目的
削弱"三桓"势力，增强国君权力

结局
行动半途而废，家臣势力削弱，"三桓"势力加强，孔子踏上周游列国之路

孔子像
立于德国柏林，碑上所刻的德文为孔子的名言"己所不欲，勿施于人"。

周礼受到挑战

孔子主张仁和礼，"仁"主张爱人，为政以德等；"礼"主张讲究周礼，维持统治秩序，这一思想贯穿孔子学说始终，也正是由于孔子提倡的"礼"，才有了"堕三都"这一段历史。

据历史考证，孔子在鲁国执政期间，任大司寇一职。孔子遵循礼制，维护周礼，讲究"君君、臣臣、父父、子子"。他认为无论是君还是臣，是父亲还是儿子，每个身份都该有各自应当的样子。然而春秋时期社会变动，等级名分早已受到破坏，这对于提倡礼制的孔子来说是难以接受的。

一次，季桓子的父亲季平子在自己家中演八佾（yì）舞，孔子得知后大怒，因为按照礼制，只有周天子才可以用此舞蹈，诸侯等级

只能用六佾，而季平子按照等级制度，就只能演四佾舞。诸多僭越之事让孔子认识到，诸侯势力过于强大，周礼已经遭到严重破坏，这让他十分愤怒且不能忍受。

建议"堕三都"

因为鲁国周礼被破坏，"三桓"势力强大，架空公室，孔子提出了"堕三都"的主张。

所谓"堕三都"，其实是要拆毁"三桓"封地的城墙。前面讲过，"三桓"家族的祖辈都是鲁桓公，故称三桓。在孔子生活时期，"三桓"的掌家人物是季孙氏季桓子、孟孙氏孟懿子、叔孙氏叔孙武叔，他们都有自己的封地。

季孙氏筑城于费（今山东费县西北），孟孙氏筑城于郕（今山东宁阳东北），叔孙氏筑城于郈（今山东东平东南）。"三桓"在各自封地发展生产，养兵蓄锐，各自"占地为王"，早就不把鲁国国君放在眼里，更是公然违背周礼规定，擅自加高城墙。周礼规定，贵族诸侯的城墙不得超过18尺，但是"三桓"的城墙都加高到了18尺以上。这些在孔子眼中，都被认定是"大不敬"的行为，也对鲁国国君统治地位造成了极大威胁。事实上，鲁国国君之位已经形同虚设，国家大权早已掌握在"三桓"手中。

不过，随着"三桓"势力崛起，

堕三都图

出自明仇英绘《孔子圣绩图》，文徵明书。鲁定公十二年（前498年），孔子出任国相，为加强鲁君公室地位，提出了"堕三都"的计划。"三都"是指鲁国的郈邑、费邑和郕邑，分别是鲁国三桓叔氏、季氏、孟氏的私邑领地。孔子派弟子子羔、子路等去实施这一计划。费邑季氏家臣公山不狃发动叛乱，攻进都城曲阜。孔子亲自率领弟子平乱，击败公山不狃的叛军。季氏费邑与叔氏郈邑的高城都被拆毁。但孟孙氏的家臣公敛处父，反对拆毁孟家领地郕邑的城墙，孟氏也在暗中支持。鲁定公亲自前往征讨，围之不克。齐军出动到边境准备支援孟氏，迫使鲁君退军。

内部也出现矛盾，其所养家臣羽翼日丰，先后发生几起家臣叛乱之事。到后来，"三桓"已渐渐控制不了自己的家臣，他们甚至凌驾于"三桓"之上，干涉鲁国国政。

孔子见状，遂与鲁定公商谋，想利用"三桓"和他们家臣之间的矛盾，以打击家臣势力之名，拆掉他们的城墙，行削弱"三桓"势力之实。这一建议被鲁定公采纳，一开始也受到"三桓"掌家人物的欢迎，因为他们的家臣早已不把他们放在眼里。于是，周敬王二十二年（前498年），"堕三都"行动正式开始。

"堕三都"功亏一篑

"堕三都"的总指挥是孔子的弟子子路，首先拆的是叔孙氏的郈邑城墙，进展得比较顺利。叔孙氏有个叫泗赤的家臣，他鼓动另一家臣侯犯勾结齐国，又向百姓散布侯犯献城给齐国的消息，引起百姓恐慌。在一片慌乱中泗赤与进攻的叔、孟两家里应外合，攻陷了郈邑，捣毁了违规修建的城墙。

季孙氏的家臣公山不狃，是季桓子的心腹之患，他早已不把鲁定公和季桓子放在眼里。而且，费邑也被他霸占盘踞，季桓子早就想翦除他，无奈费邑城墙太高，城内又有大量驻兵，他根本无能为力。子路奉命去拆毁费邑的城墙时，公山不狃趁国都曲阜兵力空虚之时，举兵进攻都城。惊慌的鲁定公与"三桓"退守季氏家里，躲在季武子的高台上。公山不狃带兵前来，包围了高台，而孔子镇定指挥，击败了公山不狃。趁公山不狃攻打曲阜之际，子路则

齐鲁会夹谷图
出自宋人所绘《孔子圣迹图》。鲁定公十年（前500年），齐鲁两国相会于夹谷，孔子以"礼"为武器，不亢不卑、大义凛然，使鲁国取得外交胜利。

拿下了费邑,捣毁了城墙。至此,叔孙氏、季孙氏的城墙都被拆掉,只剩孟孙氏的城墙了。

叔、季"二桓"的家臣均有造反之乱在前,所以孔子让子路捣毁他们的城墙,得到"三桓"的支持。但是,孟孙氏家臣公敛处父较为忠心,他向孟孙氏进言拆除叔孙、季孙的城墙后,齐国军队已经守在了鲁国境外不远处。郕邑是鲁国北方门户,更是孟孙氏的保障。如果再拆除郕邑,将直接威胁到自身安全。没有了郕邑,也就没有孟孙氏。孟孙氏这一思忖,恍然大悟,于是采取消极堕都策略。在他的影响下,另外"二桓"也加入抵制堕都这一阵营中去。失去"三桓"支持的孔子和鲁定公不想功亏一篑,便亲自率兵攻打郕邑,无奈势单力薄,最后失败而归。

"堕三都"只是削弱了家臣势力,最大受益者就是"三桓"。"堕三都"失败之后,孔子与"三桓"关系交恶,加之鲁国国君昏庸无能,孔子感到彻底绝望,不得不中断仕途,黯然率弟子离开鲁国,开始了他长达14年浪迹江湖的周游生涯。

"季桓子得羵(fén)羊之井"碑拓片
清江苏金匮(今属无锡)人钱泳书。鲁庄公时,季氏封地费人在挖井时挖出了一个怪东西,羊不象羊,狗不象狗,就报告了大夫季桓子,季桓子就请教孔子,孔子说,这个怪物叫"羵羊",它的出现是一种吉祥的征兆。季桓子听了很高兴,就让孔子做了中都宰(今山东汶上长官)。

> 前494年—前475年

吴既赦越，越王句（勾）践反国，乃苦身焦思，置胆于坐，坐卧即仰胆，饮食亦尝胆也。

——《史记·越王句（勾）践世家》

越王卧薪尝胆

苦心人、天不负，卧薪尝胆，三千越甲可吞吴。一段流传千古的往事，注解的是越王勾践三年委曲求全的辛酸。忍人所不能忍之辱，受人所不能受之苦，复国兴越，终成一代春秋霸主。

时间
前494年—前491年

实践者
越王勾践

初衷
不忘国耻，励精图治

目的
富国强兵，消灭吴国

结果
终灭吴，吴王夫差自杀

吴、越两国都处在长江中下游地区，彼此为邻，却素来不和。越王允常在位时，开疆辟土，与吴国争霸。他还一直帮助吴王阖闾的弟弟夫概自立为王，更加深了吴越之间的积怨。

周敬王二十四年（前496年），允常去世，儿子勾践继位。吴王阖闾积多年的怨愤，乘越国发丧之机起兵伐越。两国军队在欈（zuì）李（今浙江嘉兴西南）展开了一场恶战。阖闾兵败而逃，且在战场上受重伤，很快不治而亡。

卧薪尝胆

在吴国做奴隶的勾践害怕自己会贪图眼前的安逸，消磨报仇雪耻的意志，就为自己铺薪（柴草）而眠，尝胆而励，为的就是不忘过去的耻辱。为鼓励民众，他还和王后与人民一起参与劳动，最终使越国强大起来，并最终找准时机，灭掉了吴国。

阖闾临死时对儿子夫差说:"不要忘记报越国的仇。"阖闾死后,夫差继位,他对越国充满仇恨,立誓一定要杀了勾践为父报仇。

周敬王二十六年(前494年),夫差带兵攻打越国,勾践战败,越军被困在会稽山。此时,勾践已经走投无路,他对范蠡说:"到这步田地,现在该怎么办?"范蠡提议:"咱们赶快去求和吧。"于是勾践听取了范蠡等人的意见,为保住性命,便假装向吴王夫差臣服投降。

越国谋臣文种知道吴国的宠臣伯嚭贪财好色,于是把一批美女和珠宝,私下送给伯嚭,请他在夫差面前为勾践求情。经过伯嚭在夫差面前一番劝说,勾践免于一死。勾践夫妇随夫差入吴国为奴,夫妻二人整日在阖闾墓碑旁的石室里喂马,吃不饱、穿不暖,日子过得十分煎熬。夫差每次坐车出行,都勒令勾践给他牵马。勾践对吴王千依百顺,表现得毫无怨言。三年后,即周敬王二十九年(前491年),吴王终于相信勾践真心臣服,便决定放他们回国。

勾践回国后,颁布一系列新的法令,强大了国家,收获了军心和民心。为了提醒自己不忘记在吴国所经历的磨难,也为了坚定自己再创伟业的决心,勾践放弃锦衣玉食,以柴草为褥,每次吃饭的时候都先尝一口床头悬挂的苦胆,并自问:"你忘了会稽的耻辱吗?"十几年如一日,雷打不动。

后来,勾践为了迷惑吴王夫差,派人入山采葛,织出上好的黄丝细布,献给夫差。夫差收到礼物后非常喜爱,便增加了越国的封地,也放松了对越国的警惕。

在勾践的带领下,越国逐渐富强起来,吴国却一天天走向衰败。周敬王四十年(前480年),夫差正在北征,勾践此时领兵攻吴,正式发起复仇之战,越军大获全胜。此时,勾践认为还没有到一举歼灭吴国的时机,便答应了吴国使臣的求和。

周元王元年(前475年),勾践再次带兵攻打姑苏城,花费两年的时间,最终攻破城池。夫差逃跑到姑苏山(今苏州西南郊),他知道大势已去,也想效仿当年勾践愿意投降为奴,勾践却拒绝了夫差的投降。夫差自杀,越国吞并了吴国,吴国就此灭亡。

春秋·越王勾践剑
剑身修长,有中脊,两从刃锋利,前锋曲弧内凹。剑身上饰满规则的黑色菱形暗格花纹,剑格正面镶有蓝色玻璃,背面镶有绿松石。制作精美,千年不锈。上刻有"越王勾践,自作用剑"八字。

前497年—前483年

孔子之去鲁凡十四岁而反乎鲁。

——《史记·孔子世家》

孔子周游列国

在权力的角逐是主旋律的乱世之中，重礼以治国、宽仁以治民的主张在一心争霸者的眼里，显得特别迂腐可笑。更何况在嫉妒的暗流之下，难保完身。十余年带弟子列国之游，让步入老年的孔子四处碰壁，几近有生命之忧。

时间
前497年—前483年

团队
孔子及其弟子

周游列国路线
曲阜—菏泽—长垣—商丘—夏邑—淮阳—周口—上蔡—罗山，再原路返回

途经国家
卫国、曹国、宋国、齐国、郑国、晋国、陈国、蔡国、楚国

目的
宣传儒家的政治见解

结果
收效甚微

孔子治学图
孔子（前551年—前479年），是中国著名的大思想家、大教育家。孔子开创了私人讲学的风气，是儒家学派的创始人。因其儒家思想对中国和世界都有深远的影响，被列为"世界十大文化名人"之首。

周敬王十六年（前504年）时，孔子与季孙氏家臣阳虎同时在朝为官。因为季孙氏家臣阳虎干涉朝政越来越多，孔子决定退隐。在退隐的这段时间里，孔子一边带领弟子去各国学习，一边修订了《诗》《书》《礼》《乐》。过了一段时间后，阳虎想尽办法劝服孔子再次出仕。回到朝廷的孔子经历了几次升官降职的波折，鲁定公又沉迷于美色而不理朝政，孔子与季孙氏再次出现不和。季孙氏在郊祭的时候，唯独没给孔子送去祭肉，孔子便知道了国君与季孙氏的意思，他决意离开鲁国，开始周游列国。

孔子带弟子首先来到了卫国，因为卫国有孔子的至交好友，同时卫国又是鲁国的近邻。

卫灵公开始对孔子照顾有加，非

女乐文马图
出自明人所绘《孔子圣迹图》。讲述了孔子在鲁国主政时,治理成效颇为显著,而且辅佐鲁定公参加会盟时,维护了鲁国的利益,使得孔子一时威震诸侯。为了离间鲁国君臣之间的关系,齐景公精选了一大批长袖善舞的美女和健壮威武的骏马送给鲁定公,从此后,季桓子和鲁定公都沉浸在玩乐之中,不问政事,对孔子的态度也冷淡下来。孔子被迫离开鲁国,鲁国的复兴之业也停了下来。

常重视他,给孔子在鲁国一样的俸禄,虽然没有让他参与政事,但是孔子能与贤者交往,又能教导众弟子,所以总的来说孔子在卫国过得不错,也不觉得寂寞。但不久之后,因为公叔戌(卫国的卿)叛逃,孔子受到了卫灵公的猜疑,孔子知道后就带领弟子离开了卫国,打算去陈国。

周敬王二十三年(前497年),孔子和众弟子离开了待了十个月的卫国,南下陈国。孔子路过匡城(今河南商丘)时,因误会而被匡城人包围,被强行扣留了五日。逃脱后,孔子众人又返回了卫国,卫灵公听说孔子师徒回到卫国,非常高兴,亲自迎接。

孔子见卫灵公态度诚恳,便决定在卫国再待上一段时间。此次回到卫国,孔子依然没有得到重用,而是整日陪卫灵公聊天解闷。卫灵公对孔子,只能算得上是"敬贤",孔子明白自己在卫国无论待多久都不会有任何作为,便又萌生了离开的想法。周敬王二十七年(前493年)四月,卫灵公去世,卫室王族为了争夺权力发生内讧,孔子便决定前往陈国。

孔子经过曹、宋、郑三国,来到了陈国。他在陈国待了一段时间,又去其邻国楚国游历,后再次回到陈国,在陈国短暂停留后便继续北上。周敬王二十九年(前491年),孔子离开陈国,来到了蔡国。周敬王三十年(前490年),孔子从蔡国来到叶国。叶国君主叶公向孔子请教政事,跟孔子讨论君子道德问题。周敬王三十一年(前489年),孔子与弟子在陈国、蔡国之间再次被困,并且绝粮,许多弟子因困饿而病，后被楚国人相救。此时的孔子几番落魄，宛如丧家犬一般。而后，他携弟子由楚国返回卫国。周敬王三十二年（前488年），64岁的孔子再次回到了卫都帝丘（今河南濮阳），此时孔子的众多弟子已经在卫国当官。三年后，即周敬王三十五年（前485年），孔子的夫人亓官氏在卫国去世。

周敬王三十六年（前484年），齐国派兵讨鲁，孔子弟子冉求为鲁国的帅士，大胜齐国。季康子问冉求军事指挥才能从何而来，冉求说是从孔子那里学来的。这时的孔子已68岁，在其弟子冉求的努力下，季康子派人迎孔子回鲁国。孔子周游列国14年，历经卫国、曹国、宋国、郑国、陈国、楚国、蔡国等地，游历的国家大都是春秋时代的蕞尔小国，难以实现他的政治理想。

孔子回到鲁国后，虽然依旧有心从政，仍未能如愿，他的几次进言都未

接舆狂歌图

孔子去楚国时，楚国的狂人接舆唱着歌从孔子的车旁走过，他唱道："凤凰啊，凤凰啊，你的德运怎么这么衰弱呢？过去的已经无可挽回，未来的还来得及改正。算了吧，算了吧。今天的执政者危乎其危！"孔子下车，想同他谈谈，他却赶快避开，孔子没能和他交谈。

被鲁哀公使用。周敬王四十一年二月十一日（前479年4月11日），孔子患病不愈而终，享年73岁，葬于鲁城北泗水岸边。

两小儿辩日

孔子去东方，遇见两个小孩在争论。便问他们争论的缘故。

一个小孩说："我认为日出时离人近，而中午时就离人远了。"另一个小孩认为日出时离人远，而中午时离人近。接着一个小孩说："日出时太阳像车盖一样大，到了中午就像盘子一般小了，这不是远的小而近的大吗？"另一个小孩说："日出时清清凉凉的，到了中午时热得像把手伸进热水中，这不是近的热远的凉吗？"孔子不能判断孰对孰错。

两个小孩笑着对孔子说："谁说你智慧多呢？"这是发生在孔子周游列国时的真实故事，从孔子身上不难看出，虽然当时的他已经声名赫赫，但依然敢于承认自己对于某个问题的无知，展现了谦虚的大家风范。

春秋

颜回像

颜回（前521年—前481年），字子渊，又称颜子、颜渊。春秋鲁国人。14岁拜孔子为师，孔子72门徒之首，被视作孔子最得意的弟子，位居孔门第一位。以德行著称，后世历代文人学士对颜回推崇有加，颜回配享孔庙、祀以太牢，被尊称为"复圣"。

孔子圣迹图

孔子（前551年—前479年）是中国春秋末期伟大的思想家、政治家和教育家，儒家学派的创始人。《孔子圣迹图》主要取材于《史记·孔子世家》，亦兼采《孔子家语》《论语》和《孟子》等，因事绘图，缘图配文，图文并茂地反映了孔子从出生到死亡，丰富多彩一生的重要事迹，如"问礼老聃""韦编三绝""泰山问政""诛少正卯""夹谷会齐""楚狂接舆"等耳熟能详的故事。随着历代统治者对孔子及其儒学思想的重视，《孔子圣迹图》的表现手法和制作载体也多样化起来，除纸本外，还有木刻本、彩绘本、石刻本、珂罗本、影印本等多种形式。甚至在明清两朝的数百年间，"孔孟之道"已形成一种绘画专题，甚至有了较为定型的图谱。

孔子像

明·无款·孔子圣迹图之学琴师襄

明·无款·孔子圣迹图之问学老聃

明·无款·孔子圣迹图之在齐闻韶

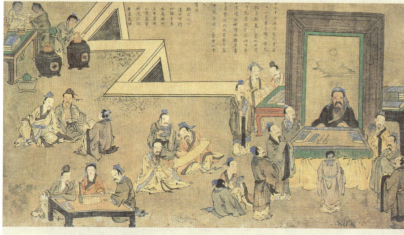

明·无款·孔子圣迹图之退修诗书

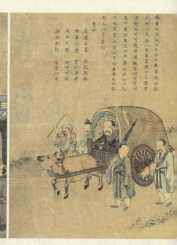

明·无款·孔子圣迹图之景公问政

明·无款·孔子圣迹图之楛矢贯隼

明·无款·孔子圣迹图之灵公问阵

明·无款·孔子圣迹图之桓魋之暴

明·无款·孔子圣迹图之删述六经

明·无款·孔子圣迹图之夹谷会齐

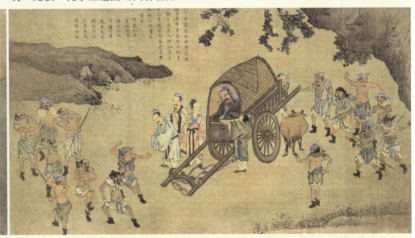

明·无款·孔子圣迹图之匡人解围

明·无款·孔子圣迹图之跪受赤虹

> **前481年**

鲍子与悼公有郤,不善。四年,吴、鲁伐齐南方。鲍子弑悼公。

——《史记·齐太公世家》

田恒弑君

与君争权,谋地位;与臣争利,求安稳。在君非君、臣非臣的乱流中,谋杀与弑君竟成为国之常态。步步为营,精于谋划的田恒最终安坐一人之下、万人之上的位置,把田氏家族送上了操纵齐国政权的殿堂。

事发国
齐国

起因
田氏势力渐深,齐简公忌惮,宠信监止;
监止和同族人子我争权田恒

被弑对象
齐简公

过程
子我欲杀田氏家族,田恒得知消息,先杀子我,后杀齐简公

结果
田恒拥立齐平公即位,把持朝政

春秋·青铜瓠壶
瓠壶在古时为"尚礼"之用,装的酒称之为"玄酒",是商周时期铜壶中重要的一种形式。此器鸟首盖,可自由开合;壶腹呈瓠瓜形,通体饰波曲纹和窃曲纹。造型奇特,寓意吉祥美好。现藏于美国纽约大都会艺术博物馆。

周敬王三十五年(前485年),齐国大臣田乞去世,其子田恒继任父亲的职位。同年,大臣鲍牧杀掉齐悼公,齐国人共同拥立齐悼公之子吕壬继位,史称齐简公。田恒和监止分别为简公的左、右相国。但因为监止深受简公的喜爱,所以田恒一直都对监止有所畏惧。为了稳定自己的位置,田恒重新使用父亲的措施,用大斗把粮食借给百姓,然后再用小斗收回,以此来笼络民心。

监止的同族子我一直与田氏家族不和,周敬王三十九年(前481年)春天,子我上晚朝时,正巧看到田氏家族的田逆在杀人,于是把他囚禁了起来。田氏家族知道这件事情后,让田逆装病,借探监之机把门外看守的士兵灌醉并杀死,将田逆救了出来。

子我得知田逆被救,很不甘心。田氏家族的远房亲戚田豹是子我的家臣,并深受子我器重。一天,他对田豹说道:"我想将田氏家族的直系子孙全部杀光,让你来做田氏宗主,如何?"田豹大惊,冷静下来后并没有同意,还把子我的谋杀之意悄悄告诉了田恒。

田恒万万没有想到子我要取自己的性命,为了能够自保,他也开始谨慎规划起如何抢先一步杀掉子我。

同年五月的一天,田恒兄弟四人乘车前往齐简公住处,欲刺杀正住在简公宫内的子我。田恒等人进入后关上后门,宦官上前阻止,被田恒杀死。齐简公此时正与嫔妃饮酒作乐,田恒将齐简公驱赶到寝宫内,齐简公为此非常生气。子我听说田恒要来杀自己,早已向外出逃,但被田恒的部下在半路拦截并杀死。

子我死后,齐简公听说田恒还要捉拿自己,也仓皇逃出王宫。但没过几日,齐简公就在徐州(今江苏西北部)被田恒抓到,由于担心齐简公回宫后报复自己,田恒就地杀了他,拥立简公的弟弟吕骜继位,史称齐平公。齐平公当上齐君之后,任用田恒为相国。

杀死齐简公后,田恒怕引起别国共愤招致杀身之祸,便将齐国占领鲁国、卫国的土地全部归还。同时又和晋国及晋国的韩氏、魏氏、赵氏订约,南方与吴国、越国互通使臣。田恒稳定了外交,方平复了民心,使齐国也重新安定了下来。

拥立了新主之后,田恒为进一步稳固自己的地位,对齐平公尽心尽力。他对齐平公说:"难做的或不好的事情都由我去做,亲民爱民的事情都由您去做。"表面上,田恒对齐国公室十分恭敬安分,但私下里用了几年时间把对自己有威胁的大臣逐一杀死,又分割齐国的土地,增加了自己的封地,把齐国的政权都掌握在他手中。从此,齐国由田氏专权。

西狩获麟图
出自明人所绘《孔子圣迹图》。鲁哀公十四年(前481年),这一年春天鲁人西狩获麟,孔子认为这不是个好征兆,于是就停止了修《春秋》。果然六月齐国田恒弑齐简公,孔子请求鲁国出兵讨伐遭拒;第二年孔子的得意弟子子路死于卫国内乱,而且还被剁成肉酱。孔子悲哀地知道自己也时日不多了。

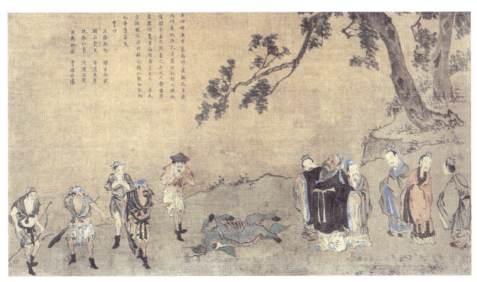

前513年

将渡江于中流,要离力微,坐与上风,因风势以矛钩其冠,顺风而刺庆忌,庆忌顾而挥之,三捽其头于水中,乃加于膝上:"嘻嘻哉!天下之勇士也!乃敢加兵刃于我。"

——《吴越春秋·阖闾内传》

要离刺庆忌

为了取得敌人的信任,不惜断臂、杀亲,苦肉计终获成功,成就的是一段刺客传奇。在英雄惜英雄的背后,这种杀妻儿、自残的做法,真的可取吗?

刺客
要离

籍贯
吴国,今无锡鸿山山北

策划者
吴王阖闾

刺杀对象
吴国勇士庆忌(吴王僚儿子)

策略
苦肉计

刺杀地点
江中一条船上

刺杀武器
短矛

结果
庆忌死,要离自杀

庆忌像
庆忌,春秋时吴国公子,《吴越春秋》里讲庆忌是吴王僚之子,吴国勇士,最后被阖闾派遣的刺客要离所杀。

周敬王五年(前515年),吴王僚被阖闾设计杀死,他的儿子庆忌逃往卫国。庆忌英勇非凡,乃"吴国第一勇士"。传言庆忌到了卫国后立刻招兵买马,招贤纳士,结联邻邦,计划有朝一日为父报仇。阖闾听闻后十分担忧,害怕庆忌真的率兵来攻打自己,于是整日整夜辗转难眠。

为了能早日除掉庆忌,大臣们纷纷向阖闾献计献策。吴国谋臣伍子胥极力向阖闾举荐要离,希望阖闾能让要离担当刺杀庆忌的重任。要离虽其貌不扬身材瘦小,但有万人之勇,是当时有名的击剑高手。要离见到阖闾,毛遂自荐道:"虽然我的外形看起来不像能杀掉庆忌的人,但我擅长击剑。又听说庆忌疑心很重,我愿意用'苦肉计'来接近他,并伺机将其杀死。"要离主动要求让吴王杀掉自己的妻儿,并断他一臂。阖闾对要离的提议坚决反对。经要离几番坚持之后，阖闾被感动了，并答应了要离的请求。于是在朝堂之上，阖闾与要离联手上演了一出悲情大剧。要离斥责阖闾借伍子胥之力登上王位，却不肯发兵替伍子胥报仇，高傲的阖闾大怒，砍了要离一只胳膊并将其投入监狱。没多久，要离在伍子胥的帮助下越狱成功，阖闾盛怒之下杀了要离的妻儿，并弃于闹市。

独臂的要离投奔在卫国避难的庆忌。庆忌得知要离的悲惨经历后，对他表示同情，将要离收在身边，视为心腹。庆忌让要离训练士兵，修造船只。要离也常伴庆忌左右，和他一起共谋国家大事。

庆忌出征吴国时，要离与庆忌同坐一船，要离建议庆忌坐在船头鼓舞士气，自己则手执短矛侍立在一旁。大风吹来，船身有些不稳，庆忌的身子也随之晃动，要离借着颠簸之机将短矛刺入庆忌的心窝。庆忌非常意外，单手提起要离把他的头按入水中，三次以后把半死不活的要离横放在自己膝盖上，大笑着说："天下竟有你这样的勇士，用这种苦肉计来刺杀我。"

士兵们围上来要将要离杀死，庆忌却阻止道："一天之内不能死两个勇士，不要为难他，放他回吴国吧，以彰显他对主人的忠诚。"庆忌说完便将心窝处的短矛拔出，倒地而亡。

要离像

要离，春秋时期吴国人，其父为职业刺客，要离为屠夫，由于成功刺杀庆忌而成为春秋时期著名刺客。

缓过劲来的要离仰天长叹道："我为取得庆忌信任，请吴王杀我妻儿，是为不仁；既已取得信任，为庆忌重用，却以下弑主，是为不义。如今大事已了，我这不仁不义之徒还有何脸面活在世上？"说完，便跳入水中自杀。庆忌的手下把要离救了上来，劝他回吴国复命领赏，要离凄凉地一笑："我安能不死？"终自杀而死。

要离之墓

位于江苏无锡鸿山墓群，是东周时吴越贵族的墓葬群。在鸿山杨梅坞中，有着名的"鸿山三墓"，就是要离、专诸和汉高士梁鸿三个人的墓葬，三人的墓堆成"品"字形排列。据史书记载，要离死后，吴王阖闾根据要离生前的遗愿，命令伍子胥将要离葬于鸿山的专诸墓旁。

> 春秋末期

于是阖庐知孙子能用兵，卒以为将。西破强楚，入郢，北威齐晋，显名诸侯，孙子与有力焉……世俗所称师旅，皆道孙子十三篇，吴起兵法，世多有，故弗论，论其行事所施设者。

——《史记·孙子吴起列传》

孙武与《孙子兵法》

一部《孙子兵法》，一代兵学鼻祖，攻楚、破越，兵锋所指处，竟势如破竹，无可抵。在春秋这个多彩的时代里，孙武以其傲然的姿态彪炳千古。

姓名
孙武

籍贯
齐国乐安（今山东东营广饶）

职业
军事家、政治家

助力国家
吴国

推荐人
伍子胥

学派
兵家

巨著
《孙子兵法》

后世尊称
孙子、兵圣

吴国为将

孙武，生卒年不详，字长卿，春秋末期齐国人。早在步入朝堂之前，孙武就研习兵法战略，大约在周敬王八年（前512年），写成"兵法十三篇"，后世称《孙子兵法》。这是中国历史上最早的一部兵书，也是世界上最早的军事专著。兵法是谋略，谋略不是小花招，而是大战略、大智慧。

吴王阖闾与伍子胥商议，打算向西进兵，伍子胥便借此机会向阖闾"七荐孙武"，对阖闾说："孙武熟知兵法，可以出谋献策为西伐提供好的进攻谋略。"

阖闾便同意接见孙武。孙武来到吴国，将早已著好的兵书给吴王过目，阖闾看后大为赞赏，任他为吴国将军，主管军备。

孙武像

矗立于日本鸟取县汤梨滨町的燕赵园。孙武是春秋末年齐国人，出身于卫国世族孙氏。年轻时阅读古代军事典籍《军政》，了解黄帝战胜四帝的作战经验以及古代名相伊尹、姜尚、管仲的用兵策略。后因不堪齐国内斗频仍，南下吴国，成就功名。

运用兵法，屡创战绩

周敬王十二年（前508年），吴国想要痛击楚国，孙武按照兵书，向阖闾献上了"伐交"战略，鼓动桐国动摇。为了让桐国彻底变心，孙武让吴王派吴国大臣舒鸠氏去欺骗楚人，对桐国人说："如果楚国派大军来吴国边境打压，吴国定会因为害怕楚国的雄威而妥协，到时候在楚国的逼迫下我们也许就会替他们灭了你们了！"桐国人听后十分害怕，相信了舒鸠氏的话，彻底改变了和楚国的关系，因此人人削减了楚国的实力。同年十月，吴国趁楚国不备之时，在豫章（古地名，一作在江北淮水之南）发动偷袭，大败楚军，接着又攻克巢（在今河南睢县南），活捉了楚守巢大夫公子繁。

周敬王十四年（前506年），也正是继上次小胜过后的第三年，吴国大举伐楚的战争已经准备就绪，吴王命孙武为主将，率领精兵三万，溯淮水浩荡西进。半途中，孙武突然命令手下丢掉船

木客大冢

春秋时越王勾践父允常的坟墓，位于浙江绍兴柯桥区兰亭镇木栅村印山之巅，因年代久远、环境潮湿，且历史上多次被盗，墓室内毁坏十分严重。造型是以巨大的原木相交搭成人字形的木椁，在木椁的中央，有一具长6.1米、直径1.2米的"独木棺"。整个墓坑全长100米，南北宽20米，深度20米，四周是分层夯筑的黄土层，黄土层下是青膏泥，青膏泥下是一层达20厘米厚的树皮，然后是厚达1米的木炭层，木炭层又是一层20厘米厚的树皮，"人"字形的巨木竖起并按位置摆放在里面，为了便于移动和排放，每根木头上都有穿孔用以过绳。

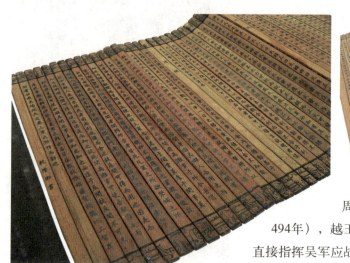

《孙子兵法》竹简本

现藏于美国加州大学河滨分校图书馆。一般认为,《孙子兵法》成书于专诸刺吴王僚之后至阖闾三年(前512年)孙武见吴王之间,全书为十三篇,是孙武初次见面赠送给吴王的见面礼。《孙子兵法》在中国被奉为兵家经典,对中国的军事学发展影响非常深远。它也是世界上最早的兵书,被翻译成多种语言,在世界军事史上也具有重要的地位。

只登上陆地,让3500百名精锐的士卒作为前锋,翻越楚国北部大山,直插楚国深处,攻得楚军措手不及,楚军大败,损失惨重。孙武又命吴军乘胜追击,先后用了兵书上面"半渡而击"等一系列战法,用了11天,一举攻陷了楚都郢都,打赢了一场以少胜多、快速取胜的战役。

周敬王二十四年(前496年),阖闾因被越国的士兵射杀,夫差继位,他立誓要为父亲报仇。孙武提议要先努力恢复吴国的国力,在他的倡议下,吴国大力积攒钱粮,着重制造武器,招兵买马扩充军队,三年后实力完全恢复。

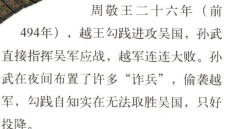

周敬王二十六年(前494年),越王勾践进攻吴国,孙武直接指挥吴军应战,越军连连大败。孙武在夜间布置了许多"诈兵",偷袭越军,勾践自知实在无法取胜吴国,只好投降。

周敬王三十六年(前484年),孙武再次显露出杰出的军事才能,帮助吴王夫差在艾陵之战中战胜齐国,因此确立了吴王夫差的霸主地位。

兵法十三篇

孙武在战争中将兵法运用得得心应手,百战不殆。他的《孙子兵法》对当时以及后世的许多战役都起过极其重要的指导作用。

《孙子兵法》共有13篇,故最初称《兵法十三篇》,共分为五部分:一、战略运筹;二、作战指挥;三、战场机变;四、军事地理;五、特殊战法。

"战略运筹"包括第一篇至第三篇,讲的是战略战术,运筹帷幄。作为《孙子兵法》的第一篇,《始计篇》从宏观上对决定战争胜负的各种因素包括政治、军事等各项基本条件进行了比较、分析和研究，并对战争的发展进程及可能出现的结局进行了预测，特别强调战前的周密谋划对战争的重要性。第二篇为《作战篇》，"作战"在这里讲的不是进行战斗，而仍指战前准备与谋划。战前进行了庙算，接下来就是做战争动员，利用敌人的弱点等，这一篇着重分析了战争与经济的关系。第三篇为《谋攻篇》，这里讲的是要用智慧和谋略攻城，采用各种手段令守城之敌投降，而不是专用武力。

"作战指挥"包括第四篇至第六篇，讲的是在战场上如何根据客观与主观因素来指挥战斗。第四篇为《军形篇》，主讲影响战争的各种客观的、稳定的、显而易见的因素，比如战斗力强弱、战争物质储备等。第五篇为《兵势篇》，主讲各种影响战争的主观的、易变的、带有偶然性的因素，比如士气、兵力配置等。第六篇为《虚实篇》，主讲在战斗中如何通过分散集结、包围迂回等战术，实现在战场上的敌弱我强、以多胜少。

"战场机变"包括第七篇至第九篇，讲的是在战场上如何随机应变，运

越王城遗址
又名越王台，位于浙江杭州萧山区越王城山，相传为春秋晚期越王勾践屯兵抗吴的军事城堡遗迹。遗址为就地取土筑成，平面呈现横葫芦状，中间低四周高，内缓外陡，四角设有高隆台地用以瞭望，中间设有唯一的出入通道。

用不同的战术。第七篇为《军争篇》，主讲如何运用"以迂为直""以患为利"，抢占战斗中的先机。第八篇为《九变篇》，主讲根据不同情况采取不同战略战术，因战制宜。第九篇为《行军篇》，主讲行军中的宿营以及如何观察敌情。

"军事地理"包括第十篇和第十一篇，讲的是如何根据地理、地势来选择战略战术。第十篇为《地形篇》，主讲六种不同的作战地形对战术上的要求。第十一篇为《九地篇》，主讲依照主客观形势与深入地方的程度等划分为九种作战环境，这九种环境需要哪些相应的战术。

"特殊战法"包括第十二篇和第十三篇，讲的是战斗中可用的各种计谋。第十二篇为《火攻篇》，主讲以火助攻的各种方式及思想。第十三篇为《用间篇》，主讲五种间谍的配合使用之法。

孙武之死

孙武在军事上的贡献，无论在当时或是后世都可谓无出其右者，他也被推为兵家的始祖。孙武晚年时，和他一起并肩作战多年的好友伍子胥被夫差杀死。此时的孙武已经有50多岁了，因为失去挚友而心痛，再加上年老力不从心，孙武便退出朝廷，归隐乡间。可惜还没过多久，周敬王四十年（前480年），因想念挚友、忧国忧民，孙武抑郁而终，死后葬于吴都郊外。

《孙子兵法》与《战争论》

《孙子兵法》	《战争论》
中国春秋孙武著，东方兵家鼻祖，兵圣	德国克劳塞维茨著，西方近代军事理论的鼻祖
被誉为"兵学圣典"，在中国乃至世界军事史上占用有极为重要的地位，是国际著名的兵学典范之书	被誉为西方近代军事理论的经典之作，对近代西方军事思想的形成和发展起了重大作用
全书共13篇，6075字	全书共8篇，100余章，47万余字
言简意赅地阐述了基本的军事思想，在探讨与战争有关的一系列矛盾的对立和转化，如敌我、主客、众寡、强弱、攻守、胜败、利害等基础上，提出战争的战略和战术	揭示了战争从属于政治的本质，指出了人的因素尤其是精神力量的作用，阐述了战争性质向民众战争转变的历史趋势，探讨了战略和战术、进攻和防御、战争的目的和手段之间的辩证关系，提出了集中优势兵力歼敌等理论
内容侧重于谋略和智慧的运用，以胜为目标，从某种程度上讲是立足长远的谋略学的"圣经"，思维体系相对宽广	内容侧重于运气和战术，以毁灭为目标，是讲究短期效应的战略学的"圣经"，思维体系相对狭窄

春秋晚期·子乍弄鸟尊

酒器。尖喙可自由开合,鸟首与身为榫卯结合,可拔出。鸟首饰羽纹、回纹和点纹。颈部饰变形夔纹,内填回纹,肩部饰夔龙纹,背部饰高浮雕羽纹,腹部饰鳞纹和夔纹,足部饰云纹。鸟尊的颈部有错金铭文四字"子乍弄鸟","子"是做器者的名字,"乍"是制作的意思,"弄"是把玩之意,意思是说一个名字叫子的人制作的青铜把玩器。原为清宫秘藏,后流落国外,现藏于美国弗利尔美术馆。

前472年

其后四年,越复伐吴。吴士民罢弊,轻锐尽死于齐、晋。而越大破吴,因而留围之三年,吴师败,越遂复栖吴王于姑苏之山。

——《史记·越王句(勾)践世家》

越国灭吴

一个不忘耻辱、励志复兴,一个志得意满、自负狂傲,低垂眉毛下的顺从是为了等待那必杀的一击,刚愎自用的盛世下张狂的是一颗被美色和谗言麻痹的心。冷冰冰的乱世中,战争以血和生命完成了历史的交替。

时间
前472年

地点
长江三角洲地区

参战国
吴国、越国

双方主要指挥者
夫差、勾践

结果
越国获胜,吴国灭亡,勾践称霸

周敬王二十九年(前491年),越王勾践被吴王夫差放回越国之后,开始励精图治,大力发展越国,私下强练水军。为分散吴国的注意力,勾践给吴国献计,让吴国北上进军齐、晋、楚,而自己却私下与这三国交好,意图共同抵制吴国。

周敬王三十一年(前489年),吴王夫差一直想要扩充疆土,于是几年内频频发起战争。第一年进攻陈国,次年即攻打鲁国。后来,他听闻齐国国君齐景公去世,又趁火打劫,吴、齐两国展开大战,几经反转后,大败齐军。勾践假装心系吴国,为吴王送上礼品,再次得到夫差的信任。忠臣伍子胥因在吴王夫差面前说错了话,夫差听信奸臣谗言后将伍子胥处死,

越国战船模型
这是当时越国的主力战船,有两层甲板,上起重楼,可配桨手30人。长江以南,水网密布,春秋时期,楚、吴、越三国是这一带的强国,中国最早的水军也就产生在这里。水战的频繁也推动了战舰的发展,据《越绝书》记载,当时吴国的战船有大翼、小翼、突冒、楼船等数种,还有供王侯指挥水战时乘坐的大型战舰。吴被越灭后,这些水军和装备都成了越国的战利品。

吴国又损失一名重要谋臣。勾践知道这个消息后十分高兴,觉得离复仇成功又进一步。

周敬王三十八年(前482年),吴王夫差亲率精兵一举北上,在黄池(今河南新乡封丘南)和各诸侯国会盟,企图称霸。越王勾践见吴国国内兵力空虚,认为这是伐吴报仇的好时机。他将越国的军队兵分两路,一路直接讨伐吴都姑苏(今江苏苏州),另一路则去封锁要道,以防止吴国的军队回国救援。勾践先头部队由畴无余、讴阳率领,先攻至吴国郊区。

吴国的大将弥庸率5000吴军出击阻拦越军,在王子地的协助下,取得了胜利,俘获畴无余和讴阳。可是好景不长,几天之后,勾践率大军赶到,吴国王子地只能入城防守。勾践见此形势,直接下令攻入城门,吴军大败,勾践俘虏吴太子友、王孙弥庸、寿于姚等人。越军大获全胜,勾践乘胜追击,最终攻入吴都,还一把火烧了姑苏台,俘获了吴国的大船。吴国留守的大臣急忙派人向吴王夫差禀报姑苏城破的事情,夫差为了不乱军心,便在军帐中秘密将七名送信使者灭口。夫差被勾践这一战打得措手不及,元气大伤,再也没能振作起来。

周敬王四十二年(前478年),吴国遭遇了百年不遇的大旱,土地粮食受到了极大的损害。文种再次向勾践献计,提议此时攻打吴国,于是勾践再次率越军大举攻吴。夫差率军到笠泽江(在今江苏吴江一带)抵御,越军在江的南侧,而吴军在江的北侧,两军夹着大江布置战阵。勾践采取出其不意的战术,不到天明便命令士兵偷渡过江,不鼓不噪,偷袭了吴国的军队。顿时,吴军大乱,军心涣散,溃败如一盘散沙。越军大胜。

周元王四年(前472年),勾践发动全国的力量再次讨伐吴国,将吴国军队完全包围,吴军不攻自破。夫差向勾践求和,但遭到拒绝。勾践俘获夫差后,夫差自知大势已去,于是自刎。至此,越国吞并了吴国,吴国灭亡。

吴越之战,双方经过长期较量,一波三折,终以越胜吴亡而落下帷幕。

吴王夫差矛
1983年11月在湖北江陵的楚墓出土,现藏于湖北省博物馆。矛中间起脊成三菱形,内中空,有血槽,身两面有黑色暗花。此矛是春秋末期吴王夫差的专用兵器,上刻有鸟篆铭文"吴王夫差,自乍(作)用矛"。

> **前472年**

越兵横行于江、淮东，诸侯毕贺，号称霸王。

——《史记·越王勾践世家》

徐州会盟

有志者，事竟成。越王勾践先经历亡国之耻，又历卧薪尝胆之苦，晚年时终于以胜利者的姿态成功登上春秋霸主的宝座。徐州会盟，见证了他人生巅峰的重要时刻。

时间

前472年

地点

徐州

参与国

越国、齐国、晋国、楚国、郑国、宋国等

称霸过程

勾践渡过淮水，先与齐、晋诸侯会盟，向周王朝进献贡品；周元王派人赏赐祭祀肉给勾践，封其为"伯"

统治范围

北达江苏，南入闽中，东濒东海，西达皖南、赣东，雄踞东南

周元王四年（前472年），越灭吴之后，勾践集结兵力，与各诸侯约定在徐州会盟，中原各诸侯国都来参加了这次会盟。

抵达徐州后，勾践与晋、楚、齐、宋、郑等国国君会面，并采纳了范蠡的建议，邀请周朝王室出席，宣布向周王室进贡，以示尊敬。勾践当即拿出早已准备好的厚礼，恭敬地拜见了周元王。周元王大喜，派人赐给勾践祭肉，并封勾践为伯（霸）。自此，年逾50的勾践在历经重重磨难后终于成为春秋的一代霸主。

勾践离开徐州后，为了表现自己大国霸主的风范，决定向各路诸侯施恩，拉拢人心。淮上原本是楚国和吴国争夺多年的地盘，后一直被吴国控制，于是勾践先将淮上之地送给了楚国；又做主将吴国侵占宋国的土地归还给宋

范蠡像

明人所绘。范蠡（前536年—前448年），字少伯，又名鸱夷子皮或陶朱公，春秋楚国宛地三户邑（今河南淅川大石桥乡至寺湾镇间）人，是中国历史上早期著名的政治家、军事家和经济学家。出身贫寒，但聪敏睿智、胸藏韬略，后助越王勾践复国，功成名就后经商致富，被现代生意人供奉为财神。

国；还将泗水以东100多里地给了鲁国。这样一来，楚、宋、鲁三国无不欢欣雀跃，对越国自然是感激涕零，纷纷通过使者表达了对勾践的尊敬、钦佩以及推崇之意。

勾践对诸侯各国如此大方，也是有原因的。其一，越国的地盘本就比吴国小，领土猛然扩张后，无暇管理；其二，用这些微不足道的土地收买邻国，对于刚刚称霸的越国而言，是明智之举；其三，把原本属于吴国的土地进行肢解分割，还能在一定程度上防止残余的吴军起义，可谓一举数得。

然而，勾践称霸后，不能再与昔日辅助他的功臣宿将同心，更不能容忍他们同享胜利果实。将军范蠡为避杀身之祸，退避江湖；而曾为勾践出谋划策、立下不世之功的文种则被赐死。此时，历经200多年的春秋时代也走到了尾声。两年后，勾践卧病不起，死于国都，风云跌宕的春秋也渐渐落下了帷幕。勾践死后，其子孙再无作为，后来为楚国所吞并。

吴越两国的青铜剑

在中国古时，论礼乐重器，当属中原，但若论兵器，精良之最莫过于吴越之地。春秋时期，位于长江中下游的吴越之地虽然经济发展落后于中原地区，但因为战争频繁，使得铸剑之风日盛，这一时期不但出现了很多青史留名的铸剑大师，还铸成了一大批千古名剑。再加上吴越之地富藏铜、锡等金属，为铸造宝剑提供了资源上的保障。

文种之死

文种，生卒年不详，春秋末期著名的谋略家，原楚国人，后定居越国成为越王勾践的谋臣。他与范蠡一起辅佐勾践，在对抗吴国的过程中，不断出谋划策，为勾践最终打败吴王夫差立下不世之功。越国灭吴之后，范蠡知道勾践是只能共苦不可同甘之人，便自动隐退，离开越国的朝堂。临走前，他给文种留下书信，劝他逃走，否则将招来杀身之祸。但文种自恃功高，不相信勾践会杀了自己，继续留在朝堂做丞相。不过，为防不测称病不朝。但勾践并没打算放过他。当有人诬陷文种要谋反作乱时，勾践赐给文种一把剑，并说："当初你给我七条对付吴国的策略，我只用了三条就打败了吴国，剩下的四条你去地下辅助寡人的先王打败吴国的先王吧。"此时，文种后悔未听范蠡之言，不得不伏剑自刎而死。

▶ 前455—前376年

周威烈王二十三年，初命晋大夫魏斯、赵籍、韩虔为诸侯……

——《资治通鉴》

三家分晋

春秋末期，晋室衰微，晋卿大夫韩、赵、魏三家在晋阳一战中成功灭掉了智氏，成为晋国最强大的三方势力。经过这次大洗牌，三家雄心大增，随即瓜分了晋国，取晋国而代之成为新的诸侯。晋国就此消亡。

事件
三家分晋

原因
晋国无公族，异姓大夫掌权

关键战役
晋阳之战

结果
韩、赵、魏三家灭掉智氏，瓜分晋国土地

标志事件
周威烈王册封韩、赵、魏三家为诸侯

影响
中国历史从春秋进入了战国

公室没落，六卿崛起

晋献公时，为避免诸公子争位引起国家动乱，对晋国的宗室进行了一次重大洗牌。自骊姬制造祸乱后，晋献公更是在神前发誓，规定从此晋国不再立公子、公孙为贵族。公子公孙们只好离开晋国去别国为官，这便是所谓的晋国无公族。

侯马盟书

1965年—1966年侯马市晋国遗址出土。在40多个祭祀坑内出土玉、石质盟书5000余件片，绝大多数为圭形，最长者32厘米，另有圆形及不规则形。辞文多以朱笔书写，少数为墨笔。文字可辨识者有656件，多则200余字，少则10余字。内容可分为主盟人誓辞、宗盟类、委质类、纳室类和诅咒类五大类。对于主盟人和盟誓时间存在不同说法，多数学者认为，侯马盟书是春秋晚期至战国早期，以赵氏家族为首举行盟誓活动的约信文书，忠实地记录了晋国晚期强族间相互斗争的史实，具有政治档案的性质。它的发现对于研究晋国历史、古代盟誓制度及古文字等均有重大意义。现藏于山西博物院。

但偌大的国家，光靠国君一个人治理是远远不够的，所以异姓和同姓中亲缘较远的卿大夫便开始崛起。周襄王十六年（前636年），晋文公重耳在流亡十几年后重新回国掌政，重赏了狐偃、赵衰、魏武子等人，使狐、赵、魏等族先后兴起。到晋成公即位，他更是赐卿大夫的嫡子为公族，又封卿大夫的儿子为余子，让异姓大夫的儿子代替了晋国的公族。这样一来，晋公室被大大削弱，卿大夫逐渐涉足了朝政大权。

到了春秋中期以后，身为超级大国的晋国渐渐被十几家卿大夫控制了政局，他们之间不断地进行争斗和兼并，到了春秋晚期，便只剩下赵氏、魏氏、韩氏、范氏、智氏、中行氏这六家最大的宗族了，晋国的国事基本上也就由这六家来决定，历史上称他们为"晋国六卿"。

智伯渠

位于山西太原的晋祠公园内，又被称作海清北河。据说是春秋晚期，晋国世卿智伯为了攻取赵襄子的采地，引汾、晋二水灌晋阳而开凿的，后人在旧渠的基础上加以修浚，成为灌溉田地的水渠。

六卿改革，笼络民心

六卿把持朝政后，各自占有一方土地，但又都心怀不轨，希冀将其他人的土地据为己有，所以内部的战争也是无休无止。为了在激烈的战争中取得胜利，六卿开始进行一些有利于生产、笼络民心的改革。他们先是用封建制的县制代替了旧的封邑制，又重新丈量土地，在税制上做了更改。各家为了得到民心，都纷纷减税，唯有范氏和中行氏仍然收取沉重的赋税，百姓苦不堪言。

都说得民心者得天下，范氏和中行氏对百姓的压迫让各家大夫看到了机会，他们同仇敌忾，一起打压范氏和中行氏。周敬王二十七年（前493年），赵氏与范氏、中行氏发生战争，赵鞅为鼓舞军心，便放出话说："不论你们是什么地位，一旦杀死敌人，全部都重重有赏。"此话一出，极大地激励了庶民和奴隶阶层，使赵氏士气大涨，很快就成功地灭掉了范氏和中行氏。

周贞定王十一年（前458年），范氏和中行氏的土地被其余四个氏族瓜分，晋国进行了重新一轮的洗牌，智、韩、赵、魏成为晋国最强大的势力，掌

> **韩、赵、魏的起源**
>
> 韩、赵、魏三家在晋国历史悠久,是三个很大的氏族。赵氏的先祖造父在周穆王的时候就被封在赵城(今山西洪洞),以邑为氏,这便是赵氏最早的起源。等到周惠王十六年(前661年),晋献公灭了耿、霍、魏三国,因为赵夙、毕万有功,所以晋献公便将耿地赐给了赵夙,魏地赐给了毕万。毕万在被封十一年后以魏为氏,这就是晋国魏氏的开始。而韩氏在很早的时候便存在了,韩氏的祖先实际上也是周王封的诸侯,是晋公室的同宗。

管了晋国所有重要的事务。晋国的公室实际上已形同虚设。

智氏夺地,晋阳大战

天下大事,合久必分。晋国的四大氏族之间在维持了一段时间的平衡后,又开始出现矛盾与争斗。当时,四家的当权者分别为智伯、赵襄子、韩康子和魏桓子。其中又以智伯势力最为强大,晋国的大小政事也几乎全部由他来决断。

然而智伯野心勃勃并贪得无厌,他想独吞整个晋国,却又没有足够的力量消灭其他三家,于是他就假借晋君的旨意,以攻打越国为名,让赵、韩、魏各交出一些土地和人口供奉给晋室,实则是想乘机霸占他们的土地。韩、魏两家觉得如果不给地就要遭到智伯的攻打,于是采取妥协观望态度,被迫献地给智家。但是赵襄子因为过去曾受辱于智伯,断然拒绝了智伯的提议。智伯恼羞成怒,便联合韩、魏一起出兵攻赵,并约定事成之后,由三家平分赵的土地和人口。韩、魏两家迫于智伯的压力,又认为攻赵对自己有利,自然也就出兵了,晋阳之战就此打响。

周贞定王十四年(前455年),智、韩、魏三家军队分为左、中、右三路把赵地围住,赵襄子眼见这么多敌人突袭,便仓皇撤离到赵家经营多年的晋

春秋·鸟尊
1988年太原市金胜村赵卿墓出土,现藏于山西博物院。盛酒器,器型呈昂首挺立的鸟形,细颈钩喙,腹腔中空,与鸟颈相连,锋锐的钩喙为自由开合的流口,倾倒酒液时自动开启,复位时闭合。鸟背设盖,上有虎形提梁,盖以链条与提梁相连。鸟尾下设一虎形支脚,使器身更加稳定。通体浮雕羽翼,羽纹华丽清晰,是晋国晚期的青铜杰作。此鸟尊的主人经考证很有可能就是春秋晚期雄霸诸侯的赵简子(赵鞅)。

阳（今山西太原）。三家军队随即包围了晋阳，但晋阳城垣坚固，粮食充足，他们强攻了两年都没攻下来。智伯见硬攻无效，于是想出了一个馊主意，竟引晋水入晋阳城，以水灌城，逼迫赵氏投降。顷刻间，晋阳就被大水淹没，水深高达六尺。围困在城中的百姓生活极其困难，死难者无数，幸存下来的也都人心惶惶，形势非常危急。

在这紧要关头，赵襄子偷偷派出门客张孟谈连夜出城，去说服韩、魏两家援赵。张孟谈来到韩、魏的营帐中，对韩康子和魏桓子说道："智伯狼子野心，一心想独霸晋国，如果此次赵氏灭亡了，下一个便会轮到你们了啊。"韩、魏两家本就对智伯水淹晋阳的行为感到畏惧，又听张孟谈这么一说，觉得很有道理，考虑到自己的利益，他们当即便决定背叛智伯，与赵军联合。

很快，赵家便与韩、魏两家达成协议，并迅速采取了行动。不久后的一个夜晚，韩、魏两家派人偷偷地杀死了守河堤的士兵，然后打开闸门朝智军的方向决堤放水。智军正在熟睡，突然看到大水朝他们涌来，顿时惊慌失措，乱成一锅粥。韩、魏两军看准时机从两边向智军袭来，赵襄子也大开城门，亲自率领精兵从正面进攻。智军大败，晋阳之围遂解。

春秋·智君子鉴
盛水器，也可做冰镇食物之用。敞口平沿，深腹，矮圈足。颈腹设对称的两对耳：一对兽面环耳，一对兽面铺首衔环。兽面立雕，双目圆睁。通体饰以精美复杂的菱凤纹和兽面纹，间以绳纹。内有铭文六字：智君子之弄鉴。现藏于美国弗利尔美术馆。此器的主人被认为是春秋晚期晋国四卿之一智伯。

智家被灭，三家分晋

在智军被大水淹了之后，智伯仓皇出逃，但被赵襄子活捉。赵襄子杀掉智伯，报了被攻打之仇。随后，韩、赵、魏三家平分了智氏的土地和人口，晋国已经名存实亡。周考王三年（前438年），晋幽公即位，反而向韩、赵、魏三家行朝拜之礼。周威烈王二十三年（前403年），周威烈王正式册封韩、赵、魏为诸侯。周安王二十六年（前376年），韩、赵、魏废除了晋国的最后一任国君——晋静公，把晋公室剩余的土地全部瓜分，最终完成了三家分晋的历程。历经700多年风云变幻的晋国彻底灭亡，这也标志着中国历史从春秋进入了战国。

东周·双首龙式玉璜

玉璜在中国古代与玉琮、玉璧、玉圭、玉璋、玉琥等总称为"六瑞",被《周礼》一书称为是"六器礼天地四方"的玉礼器,最早出现于新石器时代。此双首龙式玉璜,玉质清透,沁色完整而规整,璜身满饰勾云纹与涡纹,菱形龙眼,缘出扉牙,小巧可爱。现藏于美国印第安纳波利斯艺术博物馆。

> 约前5世纪

子期死,伯牙破琴绝弦,终身不复鼓琴,以为世无足复为鼓琴者。

——《吕氏春秋·本味》

伯牙绝弦为知音

千金易得,知音难寻。一曲高山流水,让伯牙和子期结为知音。后子期因病亡故,伯牙发誓为其绝弦,折断的琴弦把这段相惜之情定格为永恒。

擅长乐器
七弦琴

代表作品
《高山》《流水》《水仙操》

知音
钟子期(砍柴的樵夫)

相遇地点
汉阳江口

历史典故
高山流水遇知音

伯牙为春秋时期晋国的上大夫,他精通音律,犹擅七弦琴,弹起琴来犹入无我之境,形神合一,使听者无不感动心怀,或潸然泪下。唯一遗憾的是,慕名来听伯牙鼓琴的人虽多,却无一人可以听得懂琴声中传递的真正含义,伯牙为此苦恼不已。

一年,伯牙奉晋国国君之命出使楚国,他乘船到了汉阳江口,恰逢风狂浪涌,官船无法行进,便

伯牙鼓琴图
元王振鹏绘,描绘的是春秋名士伯牙过汉阳时鼓琴偶遇知音钟子期的故事,画中二人对坐,左边清瘦、蓄长髯、坐巨石上专注弹琴者为伯牙,对坐垂首凝神静听入神者为钟子期。侍者三人分立左右。现藏于北京故宫博物院。

只好暂时停泊在一座小山下避雨。直到夜晚，风浪渐渐平息，云散月现，伯牙走上船头，望着天空中那一轮朦胧的月，忽然想起当天是八月十五，便拿出随身携带的瑶琴，信手弹奏起来。谁知一曲未了，琴弦却突然一下崩断了，伯牙停手四望，看见远处的岸边有一人伫立在幽幽山影下。

那人发现伯牙在看他，于是赶忙上前解释，称自己只是一名普通的樵夫，被伯牙演奏的动人琴声所吸引。伯牙心中不禁疑惑：一个砍柴的真的能听懂自己的琴声吗？

伯牙问道："您既然懂得我的琴声，不妨说说，我刚刚那首曲子弹的是什么呢？"樵夫微微笑道："先生刚才弹的可是孔子赞叹弟子颜回的曲子？"伯牙听后，喜出望外，连忙派人请樵夫上船。

在船上，伯牙换了新的琴弦重新弹奏起来，并请樵夫辨别其中的深意。伯牙望望高山，在琴声中表达出高耸入云之状，樵夫便称赞道："美哉！巍巍乎，意在高山！"伯牙又对着江水，表达出江河奔流入海之势，樵夫又点头道："美哉！汤汤乎，志在流水！"

伯牙听后，惊喜万分，连忙对樵夫施宾主之礼，并询问樵夫的名字。原来这名樵夫名叫钟子期。两个人越聊越投机，都有些相见恨晚之感，直到月暗星淡，东方发白，才不舍地相互告别。临走前，两个人结为兄弟，并约定来年中秋再在此地相会。

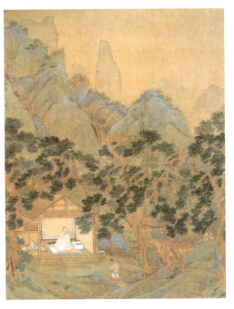

高山流水图

明仇英绘，取材于伯牙鼓琴的故事，描绘了俞伯牙草亭弹琴，钟子期拾级而上，知音相遇的场景。周围高山飞瀑、松林流水的静谧清幽环境，形象地表达了高山流水的音乐内容，也衬托出人物的高雅情操，以象征手法营造出了一个情景交融的臻境。

光阴流逝得飞快，转眼间就到了第二年中秋佳节。这一天，伯牙早早地来到了汉阳江口，却久久不见钟子期的身影。他上岸向一位老翁打听，才知道钟子期因染病已不幸去世了。临终前，他留下遗言，让家人把他的坟墓修在江边，以履行与伯牙的中秋之约。

伯牙听后，凄楚地在钟子期坟前弹了一曲《高山流水》。弹罢，他对着坟墓拜了几拜道："先生您是我伯牙此生唯一的知音，知音已逝，我的琴声又弹给谁听呢？"说罢，他便挑断了琴弦，并将心爱的瑶琴摔坏。从此，伯牙再也没弹过琴。

> **约前5世纪**

扁鹊乃使弟子子阳厉针砥石,以取外三阳五会。有间,太子苏。……太子起坐。更适阴阳,但服汤二旬而复故。故天下尽以扁鹊为能生死人。

——《史记·扁鹊仓公列传》

神医扁鹊

行医济苍生,悬壶救万民。扁鹊,这位被当时人们以敬仰之心尊称的"神医",穿梭于各国之境,不为富贵,不求仕途,只为解除病人的苦痛,成为中国古代医学的奠基人。

别名
秦越人

国籍
春秋齐国人

擅长
中医药,奠定了中医学的切脉诊断之法

作品
《内经》和《外经》

后世尊称
中国古医学的祖师

春秋晚期,有一位名医叫秦越人,因其出生在齐国的卢村,所以人们也称他为卢医。秦越人少时曾拜长桑君为师,经过多年的刻苦钻研和实践,终于成为一名学识渊博、医术高超的医生。

秦越人利用自己高明的医术,行医为善,行走各国为天下百姓治病,解除了无数人的病痛。时间久了,人们便以上古黄帝时的神医"扁鹊"尊称他。扁鹊具有丰富的医疗经验,他在总结前人理论的基础上,独创了望、闻、问、切四种疗法来诊治病情。

有一次,他到了晋国,碰巧遇到晋国卿相赵简子因为用脑过度而突然昏倒,昏睡了整整五天五

扁鹊铜像

扁鹊,生卒年不详,姓秦,名缓,字越人,渤海郡郑(今河北沧州任丘)人。后世尊称他为"扁鹊"(上古黄帝时的神医),号卢医,是春秋战国时著名医学家,居中国古代五大医学家之首。少时学医于长桑君,尽传其医术禁方。他把积累的医疗经验,用于平民百姓,周游列国,到各地行医,为民解除痛苦。后为秦太医所嫉杀。扁鹊奠定了中医学的切脉诊断方法,开启了中医学的先河,相传中医典籍《难经》为其所著。

夜，晋国的大夫们急得团团转，连忙请来了扁鹊替赵简子诊治。扁鹊按了按赵简子的脉搏，然后摸着胡子道："无妨无妨，病人脉搏正常，三天内即可醒过来。"果然，只过了两天半，赵简子便醒过来了。

扁鹊路过虢国时，听闻虢国太子暴亡不足半日，举国都在为他举行葬礼。扁鹊感到好奇，在详细地询问了太子的情况后，他断言太子没死，只是"尸厥"，进宫后命弟子子阳磨制针石，在太子头顶中央凹陷处的百会穴扎了一针。过了不久，太子竟然醒了过来。扁鹊又让他服用了20天的汤药，他便彻底痊愈了。人们听到这个消息后都拍手称奇，纷纷赞叹扁鹊有"起死回生"之术。

扁鹊在世的时候，医术天下闻名。最为有名的一次当为齐桓侯田午望病，第一次见面时，他说桓侯病在腠理；五天后再见时，说桓侯病在血脉；又过几天说病在肠胃；几天过后远远看一眼就跑了，桓侯派人问他原因，扁鹊说桓侯的病已经没有办法治了。果然桓侯终因病深入骨髓而去世。

关于扁鹊的死则与秦武王治病有关。秦武王腰疼，得知扁鹊来秦国后，便召进宫为他诊治。秦国的太医令李醯见扁鹊到来，怕自己失宠，便说秦武王的病处于耳朵之前、眼睛之下，稍有不慎便会造成耳朵失聪、眼睛失明的下场。秦武王表示

扁鹊看病行医"六不治"

一是依仗权势，骄横跋扈的人不治；
二是贪图钱财，不顾性命者不治；
三是暴饮暴食，饮食无常者不治；
四是病深不早求医者不治；
五是身体虚弱不能服药者不治；
六是相信巫术不相信医道者不治。

了自己的担心后，扁鹊回道："大王您若信我，我必定让您药到病除。但您若是相信一些人的胡话，那就恕我无能为力了。"说罢便准备离开，秦武王赶紧让人拉住扁鹊，尊敬地说道："那么就劳烦先生为寡人治疗了。"果然，没过多久，秦武王的病就被扁鹊治好了。秦武王大喜，想要封扁鹊为太医令，但被李醯阻止了。后来，李醯干脆派杀手去杀害了扁鹊。

扁鹊死后，人们为了纪念他，便在他的家乡建造起"药王庙"，每逢他的祭日，便会举行盛大的祭祀典礼，而他的故事，也一直流传到了今天，成为无数医生心中的偶像。

汉画像石拓片《扁鹊行医》图

▶ 春秋末战国初

《论语》者，孔子应答弟子，时人及弟子相与言而接闻于夫子之语也。

——《汉书·艺文志》

煌煌经典《论语》

《论语》是我国传统文学史上的一部经典著作，用言简意赅的文字，记述了孔子及其弟子的言行，传递了至圣先师对后世的谆谆教诲。它较为集中地反映了孔子的深刻思想，句句堪称至理名言，发人深省，也被视作中国人的智慧宝藏。

作品名称
《论语》

编集者
孔子门生

创作年代
春秋战国

文学体裁
语录体及对话体

篇章总数
20篇，492章

语言风格
兼具文学性和哲理性

后世注解者
何晏、皇侃、朱熹、刘宝楠、钱穆等

《论语》是儒家学派的经典作品之一，是中国传统文化上的一块璀璨夺目的瑰宝，它与《大学》《中庸》《孟子》《诗经》《尚书》《礼记》《易经》《春秋》并称为"四书五经"，在中国思想史上具有举足轻重的地位。

《论语》成书于春秋战国之际，由孔子弟子及其再传弟子编纂而成。全书以语录体和对话体为主，详细地记录了孔子及其弟子的言行，集中体现了孔子的政治主张、伦理思想、道德观念及教育原则等，是对当时思想道德文化政治精神的提炼和升华。

《论语》以孔子为描写主体，生动形象地刻画出了孔子及其弟子的形象，再现了当年孔子

孔子像

孔子（前551年—前479年），子姓，孔氏，名丘，字仲尼，出生地鲁国陬邑（今属山东济宁曲阜市），中国著名的大思想家、大教育家。孔子开创了私人讲学的风气，是儒家学派的创始人。因其儒家思想对中国和世界都有深远的影响，被列为"世界十大文化名人"之首。

教书育人的温馨场景。书中记述了许多孔子的弟子，如安贫乐道的颜回、率真勇敢的子路、聪颖善辩的子贡、潇洒脱俗的曾皙，等等。当然最亲切可感的还是他们的老师孔子。书中通过对简单又不失睿智的日常对话描写，让人们看到了一个博学多才却又平易近人的智者形象。

《论语》是孔子思想的集中表现，书中涉及了孔子关于学习、教育、做人、治国等方面的思考，让人受益匪浅。在学习上，他提倡人们要怀有不断进取的态度，将学过的知识不断温习，反复思考，最终能够学以致用。在教育方面，他主张有教无类，因材施教，希望通过教育为社会培育出具有仁义之心的君子。在做人方面，他鼓励人们要重视"仁德"，提高修养，做一个正直磊落、全面发展的人。书中还有许多专门关于君子的描写，但这里的君子实际上是一个广义概念，它体现的是一种追求，代表了孔子精益求精、渴望达到圣人境界的高尚理想。

通观《论语》全书，其论述方式并不完整、系统，而是随着事件的不同

宋版《论语》书影
中华书局聚珍仿宋版，现藏于瑞典斯德哥尔摩的东方美术馆。

随意抒发感想，这种零星、散乱的形式体现出了《论语》作为一部语录体著作的独特魅力。

《论语》的语言含蓄隽永，故事简洁生动。它们并非长篇大论，而是通过一个个细小的故事来反映一些深刻的道理，表现出人物的个性。正是因为这种灵活的编撰形式，《论语》中的内容涉及很多方面，从多个角度、多种视角体现出了孔子的思想、性格、才能、趣味、生活环境和时代背景，有利于读者全面、准确地了解孔子及其思想。所以，无论是从思想价值还是从艺术魅力来评价，《论语》都是一部不可不读的经典作品。

四书五经

分类	内容
四书	《论语》记载孔子及其弟子言行；《孟子》记载孟子及其弟子言行；《大学》论述儒家修身、齐家、治国、平天下思想；《中庸》论述儒家人性修养
五经	《诗经》中国第一本诗歌总集；《尚书》主要记载古代帝王言论及活动；《礼记》是先秦到秦汉时期的礼学文献选编；《周易》是哲学化了的古代占卜之书；《春秋》是现存最早的编年史，用鲁国纪元兼记各诸侯国事

少年中国史

私学的兴起

春秋时期，列国纷争，一些没落的贵族和失意官员的儿女落魄于街井，窘迫的现状令他们无法接受官学教育，使得文化学术在民间慢慢扩散，为私学的兴起创造了一定的条件，于是像孔子一类有学问的各大派别大家，便开始建立了"私立学校"，即私学。

相传，最开始私学雏形的办学方式是"游讲无定址"。史书中记载的春秋中叶郑国的邓析开创私学，讲授他自己著作的《竹刑》，专门教授讼诉的法规，与此同时，郑国的伯丰子也开办私学。

据《史记》所记载，孔子曾"适周问礼，盖见老子"，由此可见，老子在当时也在创办私学。史书中曾记载老子在暮年归隐之时还为他人解难答惑，道家学派思想的传播也正是由于这种教育方式才得以延续至今。

孔子是在30岁时开始收徒讲学的，相传他有弟子3000人，得意门生72人。孔子传授他们六艺，即礼、乐、射、御、书、数这六门课程，又注重品德品行教育，他因材施教，提出"有教无类"的思想，讲究学以致用、学思结合，对当时的社会产生了很深的影响。

孔子弟子像卷（局部）
全图采取平列式构图，无背景，绘孔子弟子立像37人，无名款。为北宋佚名工笔人物画，墨笔勾勒，着色，人物形象各异，须眉生动。现藏于北京故宫博物院。

杏坛讲学图
现代孔维克绘，描绘的是孔子讲学的场景。"杏坛"的典故最早出自庄子的一则寓言。庄子在那则寓言里说孔子到处聚徒授业，每到一处就在杏林里讲学。休息的时候，就坐在杏坛之上。后来人们就根据庄子的这则寓言，把"杏坛"称作孔子讲学的地方，也泛指聚众讲学的场所。

前770年—前476年

前551年 / 孔子出生，后创立儒家学派

约前6世纪 / 我国第一部诗歌总集《诗经》编订成书

前537年 / 晋楚联姻，正式结束百年争霸；鲁国『三桓』分公室正式形成

前510年 / 吴王阖闾攻陷楚国都郢

前481年 / 齐国卿大夫田氏杀齐简公，专齐国国政

前473年 / 越国灭吴国，越王勾践成为春秋时代最后一位霸主

前453年 / 晋国卿大夫韩、赵、魏三大家族共同打败智氏，继而瓜分晋国，春秋时代结束

尼布甲尼撒二世攻陷耶路撒冷，犹太国灭亡。犹太人被虏往巴比伦，史称『巴比伦之囚』 / **前586年**

政治家梭伦任雅典首席执政官，实行改革 / **前594年**

相传释迦牟尼（乔达摩·悉达多）出生，后创立佛教 / **前563年**

波斯王居士灭米底王国，建立波斯帝国 / **前550年**

波斯灭掉新巴比伦王国 / **前539年**

雅典执政官克里斯提尼进行改革，建立民主政治；罗马王政时代结束，建立罗马共和国 / **前509年**

波斯王大流士一世两次入侵希腊，引发之后数十年的希波战争 / **前492年—前449年**

古希腊政治家伯里克利进行改革，雅典民主政治达到鼎盛 / **前462年**

中外大事年表对比

- 前770年 / 周平王将都城从镐京迁到洛邑，东周开始
- 前722年 / 鲁国编年史《春秋》开始纪事，这是世界上最早的编年史
- 前685年 / 齐桓公成为齐国国君，任用管仲为相，进行改革
- 前651年 / 齐桓公在葵丘会盟，霸业达到顶峰
- 前632年 / 晋、楚发生城濮之战，楚败，晋文公称霸
- 前623年 / 秦国伐西戎，开地千里，秦穆公遂霸西戎
- 前597年 / 晋、楚发生邲之战，晋国战败，楚庄王称霸
- 前594年 / 鲁国实行"初税亩"，即按亩征税，承认私有土地合法化

- 前776年 / 希腊历史元年，在古希腊奥林匹克召开了第一届奥林匹克运动会
- 前727年 / 亚述王国成为两河流域和北非一带最强的军事国家
- 前626年 / 古两河流域建立新巴比伦王国
- 前602年 / 古巴比伦国王尼布甲尼撒二世征服叙利亚、巴勒斯坦等地区

少年中国史
Chinese History for Teenagers

创作团队

【项目策划】尚青云简

【文稿提供】杨玉萍

【图片支持】Fotoe.com　Wikipedia
郝勤建　秋若云　堂潜龙